Горан Петровић

ИСПОД ТАВАНИЦЕ КОЈА СЕ ЉУСПА

Издавач
НИД Компанија „Новости" А. Д.
Трг Николе Пашића 7, Београд

Генерални директор и главни уредник
Манојло Вукотић

Извршни директор издавачке делатности
Александар Бацковић

Уредник
Миломир Краговић

Лектура / коректура
Мирјана Јосић

Дизајн корица
Урош Смилевски

Технички уредник
Никола Цветковић

Тираж
20.000

Штампа
А. Д. „Будућност", Нови Сад

Горан Петровић

ИСПОД ТАВАНИЦЕ КОЈА СЕ ЉУСПА

кино-новела

2010.

КОМПАНИЈА
НОВОСТИ

Кино-роман (cinéroman)

1) Између 1912. и краја немог филма,
филм у наставцима.

2) Прича по неком филму,
илустрована фотографијама из тог филма.

———————————————

Неки јунаци су измишљени,
а неки догађаји стварни.
И обрнуто.

———————————————

Исус им рече:
Принесите од рибе што сад ухватисте.

А Симон Петар уђе и извуче мрежу на земљу
пуну великијех риба сто и педесет три;
и од толиког мноштва не подрије се мрежа.

(Јеванђеље по Јовану 21, 10-11)

ЖУРНАЛ ИЗ ФОНДА „ЈУГОСЛОВЕНСКЕ КИНОТЕКЕ"

ДЕСНЕ ЦОКУЛЕ – ЛЕВЕ ЦОКУЛЕ

Краљевачки хотел „Југославија" сазидан је 1932. године на месту где је раније била крчма „Плуг". Градио га је Лаза Јовановић, обућар пореклом из Рашке. Тај Лаза је у зиму 1926. године у Београду откупио вагонску количину цокула које је војска избацила из употребе. За расходоване цокуле није било других интересената, па их је он пазарио повољно. У овој земљи, међутим, како заустите да нешто испричате, тако се одмах јаве они што тврде да знају боље:

– Не, него је Лаза Јовановић подмитио некога у Министарству војном да цокуле намерно распари и да их понуди на две независне лицитације!

У сваком случају, десне цокуле нико није хтео без левих. Осим Лазе. Не би ли уштедео на конаку, путовао је ноћу, натруцкао се, нагледао мрака кроз пола Србије, мислио је да никада неће освануши, разданило се тек пред Београдом. Ипак, Лаза није имао кад да обилази престоницу, свима који долазе из провинције својствен је страх да не закасне. Тако се много пре почетка лицитације скукутио у дну једне велелепне сале. Да га питате где, у којој улици, у ком здању, слегнуо би раменима, не би умео да каже. И ту би можда занавек остао непримећен да подизањем руке није потврдио почетну цену. Окупљени свет, већином трговци од чувења, зверке у бундама са меканим астраганским оковратницима, намах се окренуше да одмере паланачки одевеног човечића, решеног да списка новац на робу без вредности.

– Први пут... други пут... продато господину у последњем реду! – објавио је капетан интендантуре, зачуо се тресак аукцијског чекића, пуфнуо је облачић прашине.

Неко се насмејао. Али, када су се после месец дана на новој лицитацији појавиле само леве цокуле, једино је довитљиви Лаза имао десне. Овог пута је наглашено комотно седео сасвим напред, почетну цену је потврдио самоуверено. Присутне газде се узврполише, провирише из астраганских оковратника, издужише зацрвенеле вратове...

– Први пут... други пут... продато господину у првом реду! – објавио је водитељ, исти капетан интендантуре, тресак аукцијског чекића је опет изазвао облачак прашине.

Сада се неко накашљао. Учесницима лицитације није било толико стало до пропуштене зараде, колико до изгубљеног осећаја величине. Мада трговца бриди чак и када обичан петопарац заврши у туђем џепу, то што их је пуки обућар, шта ли, тек тако насамарио – то је баш болело. Сви су се ћутке размакли да Лаза што пре прође и да оде у ту његову забиту варошицу, како се оно каже: нека га ђаво носи накркаче... Сви су се ћутке размакли, само један није издржао, иначе би запрегао од муке:

— Паз' да не оврљавиш док будеш сравњивао тол'ке цокуле!

— Господо, будимо достојанствени... Молим, без ружних речи... Настављамо... На реду је нови предмет продаје, девет товара најквалитетније свиле расформираног Балонског одељења! — објавио је водитељ лицитације.

ДВЕ ГОМИЛЕ КАО БРДА ВЕЛИКЕ

Годинама се Лаза Јовановић трудио, код куће је ручавао само недељом или о празницима. Другим данима је пре зоре одлазио у закупљени магацин крај краљевачке железничке станице, упаривао је хиљаде и хиљаде цокула са две гомиле као брда велике... Заправо, по тим брдима је прво месецима посртао, падао је и четвороношке се пео, претурао је и разврставао отприлике, док их није свео на десетине једначитих хумки, па је тек онда, знатно лакше, сасвим упаривао цокуле... До касно у ноћ је крпио зинуле ђонове, додавао блокеје, шнирао пертле, „извлачио" сјај... Да би оправљену обућу вишеструко скупље препродавао. Чак је и за цокуле које су преостале као распар лако нашао муштерије — Први светски рат се завршио колико јуче, било је много људи са ногом. Мада овде после сваке трагедије увек има оних који се праве да не примећују такве, све нешто трепћу, ишчуђавају се:

— Извините, којих људи са ногом?

Због њих се мора рећи:

– Па, извините ви, оних без једне ноге.

Лаза је пак рачунао: грехота је да богаљи плаћају пар када им је потребна само десна или лева цокула. Нека издвоје мало мање него за обе, а опет мало више него што је половина пуне цене. Тако се истакао као добротвор ратних инвалида, а уједно је додатно приходовао. Тако је помирио божије и људске законе. Или је макар, за разлику од других, покушао. Што се само по себи и данас може сматрати успехом знатне величине.

Био је то добар посао. Лаза Јовановић јесте постао разрок од оноликог упаривања различитих цокула, али је и прилично зарадио. Напослетку је устао са шамлице, отпасао обућарску кецељу, шилом очистио црно испод ноктију, изашао испред своје радњице и протегао се. Сада је могао да учини оно о чему је дуго, веома дуго будан сањарио. Још истог дана је уфитиљио брокове и купио оронулу крчму „Плуг“. Није га занимала бондручара склона паду, али за повелики плац није жалио, није се ни погађао, чак није ни питао пошто је. Вадио је стотинарку по стотинарку, ређао је новчанице по флекавом кафанском стољњаку, није их ни бројао... Власник „Плуга“ је важио за поштена човека, црвенео је и црвенео, док није сам признао:

– Доста је, газда Лазо... Срамота ме је да ти више узмем, рачунај да је твоје, и ово што си дао је много, премного!

Лаза је на све ипак галантно метнуо још једну новчаницу. Сматрао је да то мора да учини, да је ред да части када је дочекао да га неко газдом назове.

ОВЕ ТАКСЕНЕ МАРКЕ МЕ УБИШЕ...

Сутрадан је, у надлежном суду, уговор примио писар Св. Р. Малишић, звани још и Држава. Презиме је онако, звучи скромно, али надимак је моћан, да не може бити моћнији.

Чиновник је олизао пола табака таксених марака и ударио печат. Односно, толико би све, колико и овде, очас трајало — да се у стварности није дешавало много спорије. Малишић Држава је био познат по томе што се најбрже од свега — умарао. Он је сваки спис подробно проучавао. Под условом да нађе увек затурене наочаре. И под условом да уместо наочара у првој фиоци радног стола не нађе изгубљен регистратор са омотом: „Ургент! Хитно решавати!“, баш онај који је месецима свуда тражио... У том случају одлаган је сваки други посао, Малишић је објашњавао малерозним странкама да дођу другом приликом:

— Кад?! Ваљда видиш да још не знам с које стране да му приђем, да му развежем пантљике... Е, да сам знао да ћу га овако лако наћи, раније не бих губио силно време да га тражим!

Иначе, у редовним околностима, ако има примедби на предмет, Држава би вртео главом и значајно понављао: „Ц-ц-ц!“, док би странка трнула. Ако, међутим, нема примедби, Св. Р. Малишић би дуго ћутао, доконајући какву примедбу да смисли не би ли се истакао.

Па, ипак, то није било ништа у односу на завршницу — на лепљење таксених марака. Малишић је знао својски да хркне, прву би марку некако и запљуцнуо, имао је Држава и воље да је песницом прибије, али за сваку следећу грло му се сушило, све се нешто пућио, тромбољио, истурао је пуначке усне, док се онај што чека и чека не би досетио:

– Господине Малишићу, да ли би ваљало пивце?

– Тја... – погледнуо би Држава преко наочара. – Да знаш да би могло. Ове таксене марке ме убише, све дајем од себе, спарferiших се, до гуше сам се навршио лепком... Хајд', донеси једно хладно, највише два, да не трпи посао... Донеси и за себе, па ако ти не можеш цело, ја ћу да попијем ресто...

И тако се то неколико пута понављало. Закључно са пивом које би Малишићу Држави дало довољно телесне влаге да хукне у печат и довољно снаге да најзад замахне и тријумфално овери спис. Трес! Чиме је држава, на најсажетији начин, рекла своје.

Али, Лаза Јовановић није хтео да губи време на пиво. Имао је планове, журило му се.

– Жури вам се? – питао је Св. Р. Малишић, тражећи наочаре.

– Прилично – одговорио је Лаза наивно.

– Чекните, само да нађем наочаре... Сматрајте да је готово... – започео је Држава бодро, али се од толиког полета брзо уморио.

Е, зато је толико и потрајало. И зато је и овде било потребно више времена да се опише оно што би иначе сведено гласило: Истог дана када је уговор оверен и заведен, само што је изашао из надлежног суда, Лаза Јовановић је наредио да се крчма „Плуг" сруши и да са на њеном месту, у главној варошкој улици, подигне хотел какав Краљево раније није имало.

Остаће нејасно да ли Лаза Јовановић попут других наших људи није знао да се умери или је само по природи био тврдоглав.

– Није знао да се умери! То са тврдоглавошћу нема везе! – утрпаваће ће се упорно неки, мада их нико ништа није питао.

У сваком случају, Лаза ни за циглу није хтео да одустане од замашних замисли. Током радова му је понестало новца. Задужио се у неколико наврата код индустријалца Миљка Петровића Риже. На крају је све коштало око 1.000.000 динара (или словима: баснословно). Толико је, наиме, стајала грађевина која је у приземљу имала ресторан-салу, иза те сале велику салу за игранке и приредбе, као и летњу башту, а на спрату тринаест двокреветних соба. Фасада хотела је била украшена штукатуром каквом су декорисане боље зграде у Београду. Истина, упрошћеном, провинцијском варијантом. Изнад фриза је кочоперно писало: „ХОТЕЛ ЈУГОСЛАВИЈА“. У укупну цену је улазио и низ других ставки: црни фијакер за нарочите госте, пелерина за кочијаша, рупа за чување леда и расхладне витрине, порцеланско посуђе из Чешке и нерђајући прибор за јело из Немачке, билијар-столови и сто за рулет, раскошни луестери и лампе, ткани-не из најбоље продавнице метраже „Код Лувра“... Све је морало да буде беспрекорно, како овде никада било није.

– Стани мало, прикане... Шта је ово?! Фушерај! Црни фијакер одмах да се врати мајстору на лакирање! – ништа није промицало Лази, можда зато што

11

је био малчице разрок па је могао упоредо да прати две различите ствари.

Чак је поводом свечаног отварања 1932. године од престоничког „Новаковић журнала" наручена и петоминутна филмска сторија. Наслов уоквирен вињетом је предвидљив. Бела словца титрају на црној подлози:

> *Имамо част приказати:*
> *Хотел*
> *„ЈУГОСЛАВИЈА"*
> *Краљево*

Сачувана копија немог нитратног филма почиње тако што Лаза Јовановић подбочен стоји испред улазних врата. Његови снови су испуњени, делује поносно, осмехнут је, учестало трепће... Ипак, како позирање траје, а Лаза није навикао да буде беспослен, он се премешта с ноге на ногу, не зна шта ће с рукама, забацује полуцилиндар, чеше се по темену... При свему, неко кучиште се мота око њега, само што га не уједе. Лаза би радо да га шутне, али је свестан да то није примерено тренутку... Хвала Господу, следи међунаслов уоквирен вињетом:

> *Првокласни и најуређенији овд. хотел*
> *препоручује се путницима и осталој господи.*

Потом газда Лаза Јовановић, као да је једва дочекао, широким покретима руку „позива" камеру да са њим прође хотелом. С времена на време се окреће како би се уверио да га сниматељ верно прати. Лазини покрети су час ужурбани час гегаво успорени, јер број „квадрата“ у секунди зависи од брзине и уједначености окретаја ручице камере. Слика је крзава, као изгребана, препуна крацера, оних белих пукотина што се неочекивано пружају и тамо и овамо. На два места след кадрова није баш логичан, биће да недостаје део филмског материјала. Али све је прилично видно, а где замисао снимателя журнала није јасна, постоје међунаслови... Лаза се зауставља у предворју ресторана, испред великог зидног огледала. Задовољан је одразом сопствене фигуре у пуној мери. Огледало је постављено тако да обухвата и богато урамљену фотографију на супротном зиду сале – портрет Краља Александра Првог Карађорђевића, од оних које широм земље лиферује Дворска канцеларија. Из одређеног угла се чини да владар Југославије и власник хотела „Југославија“ стоје раме уз раме. Тачније, да Његово величанство у војној униформи вири иза цивила Лазе... Кажу да је наручилац журнала инсистирао на међунаслову уоквиреном вињетом:

> *Располажемо*
> *са огромним бечким огледалом*
> *у којем се увек можете осмотрити у целости,*
> *а не као код конкуренције,*
> *делимично или највише до паса, тј. половично.*

Па Лаза као поправља подвијене наборе стољњака у ресторан-сали, кажипрстом чвакне по ободу кристалне чаше, прави се да нешто послује око вазе са гранчицом распупелог јоргована, помера пепељару да би се боље уочио монограм „ХЈ"... Ово указује да он лично брине о свему. У позадини је само један гост. Један једини, мада за деветорицу вреди! То је Панта, у вароши познат као Мајстор за ручак. Тај Панта баш ништа не зна да ради, све чега се дохвати пропада, али обедује тако темељно и слатко да га кафеџије листом позивају да код њих бесплатно једе, наочиглед других гостију, зазубица ради. Посла је толико да Панта једва стиже да обреди главније крчме у вароши. Код њега се заказује и месец дана унапред. Некада ручава и у два наврата, али трећи пут нерадо прихвата, апетит му јењава, а он не би да изгуби на угледу стицаном годинама. Видети Панту за столом, онако пуначког, са свечано заденутом сервијетом, како величанствено мажњава послужење, како радосно куса од овога и онога, како усредсређено сркуће и глође, како методично умаче и омазује, како сваки залогај пажљиво премеће по устима, како драматично колута очима, како чулно цокће, како галантно точи вино, како са велике висине стручно уштрцује сода-воду, како се театрално глади по трбуху када заврши... видети сав тај мајсторлук а не сести за кафански сто, не наручити исто што и Панта, већ само проћи, то само значи да га уистину нисте видели. Зато је он овде, у журналу, ангажован као статиста са задатком. Следи међунаслов уоквирен вињетом:

Такође препоручујемо
прворазредну
домаћу и страну кујну.
Абонирце примамо по умереној цени.

После тога газда Лаза Јовановић отвара двокрил-
на врата, разгрће тешку драперију од плиша, „уводи"
камеру у велику салу за приредбе, показује на „Те-
лефункенов" радио-апарат и млађи пар који срчано
игра танго... А онда упире прстом ка таваници где је
збиља уметнички изведена гипсана представа васи-
оне: разгрејано Сунце и пун Месец, планета по пла-
нета, сазвежђа, с крајева и понека комета... Овде је
филм мање јасан, биће да је сниматељ уперио камеру
у неки јак извор светлости, па је замашан део кадра
заправо бео. Међунаслов уоквирен вињетом гласи:

> Свако вече концертира салон џаз-оркестар.
> Свако вече дансинг,
> недељом и празницима матине.
> Организација соареа, лутрије,
> позоришних представа...
> Скуп отмене публике!

Затим Лаза стрпљиво „води" камеру од собе до
собе. Негде помери завесе, погледне на улицу или на
унутрашње двориште, заправо летњу башту... Негде
проба прекидач лампе за читање, негде заседне на
кревет као да испитује колико је мадрац удобан, не-
где отвори ормар и преброји вешалице, негде за рад-
ним сточићем изнова сврстава празне дописне карте
са заглављем хотела, негде разматра шаре на ноћном
суду, негде одврне славину на умиваонику... Међуна-
слов уоквирен вињетом је сада краћи:

> Модерно уређене собе!

Током читавог тог „обиласка“ газда Лаза се овде-
-онде среће са особљем, са кочијашем који носи ко-
фере, са момком који прти таблу леда, са куварима
деликатног изгледа, са укипљеним конобарима, са
стаменим собарицама... Сви они га поздрављају на-
клоном, а газда Лаза Јовановић отпоздравља на исти
начин, придиже полуцилиндар, рукује се, тапше их
по рамену, чак једну једру собарицу очински штипне
за обрашчић.

Журнал се завршава оштрим резом, наглим пре-
ласком из ентеријера у екстеријер – Лаза и сви за-
послени испред хотела „Југославија“, у главној ва-
рошкој улици, играју коло. Прикључују се „случајни“
пролазници, међу првима Лазина жена и синови.
Коло је све бројније, шири се изван кадра... Сниматељ
се одмиче... Залуд, коло се опет расплиће изван ка-
дра... Све се неколико пута понавља, сниматељ конач-
но одустаје од целовите слике, нема тог угла камере
који може да обухвати крајеве овог народног весеља...
Утисак квари оно пашче које за ногавицу потеже јед-
ног од играча. Али то се једва види, то се примећује
ако је човек злонамеран, па баш заглада... Последњи
натпис уоквирен вињетом гласи:

Хотел
„ЈУГОСЛАВИЈА“
Краљево
Добро нам дошли!

На крају је слика сасвим црна. Не рачунајући, ту и
тамо, беле титраве тачкице и пукотине.

СВЕ ДО ТАДА СЕ НЕКАКО ТРПЕЛО

Све до тада се некако трпело.

Један обућар је био вешт на лицитацији Министарства војног, намагарчио је велике трговце.

— Није био вешт већ је некога подмитио да му продa само десне, а после и леве цокуле.

Лаза се годинама трудио, упаривао је хиљаде и хиљаде цокула са две гомиле, поправљао је ђонове...

— Џаба је извлачио црно испод ноктију, још увек смрди на штављену кожу! Осим тога, разрок је!

Радио је и штедео. Обогатио се.

— Није у парама све! Кур мој ће тај простак икада да научи господске манире!

Хтео је да подигне најбољи хотел у вароши.

— „Југославија"?! Као, хотели „Европа" и „Париз" нису довољно добри?! А он сам тамо никада није ногом крочио! Платићемо балавурдију да му полупа излоге! И излоге и оно његово „гросе" огледало!

Панта је у последње време само код газде Лазе Јовановића бесплатно, мајсторски ручавао, све друге „послове" је отказао.

— Панто, где ти је карактер? Довољно је, издајниче, да ти неко у тањир стави бубрежњак приде, моментално мењаш и столицу и пријатеље! Пази, Панто, да ти овај залогај не преседне!

У варош тек пристигла попадија рекла је да она нема намеру да спрема китникез код куће, јер је код Лазе много бољи.

— Шта зна попадија?! Млада је. Да уме да кува, зар би наш нови попа, отац Дане, после сваког крштења и после сваке сахране толико јео?! Само што је завршио богословију, а већ се убуцио, мантија на њему хоће да прсне...

Стални гости су постали и француски инжењери који овде раде у испостави фабрике авиона „Луј Бреге“.

– Е, ту се стварно чудим?! Французи важе за господу. Они ваљда знају шта је угоститељство.

Прво, Миша „Шмол“, трговачки заступник истоимене загребачке фабрике; затим Јосип Гец, продавац козметичких препарата „Нивеа“; трећи, неки Трајко, представник италијанске фирме за израду шешира „Борсалино“; па редом и већина других трговачких путника из целе земље сада је почела да одседа само у „Југославији“.

– Оборио је цене! Ето зашто му долазе!

Капелан Вирт и заносна певачица Тилда, чак из белог света довде залутале уметничке душице, рекли су да је Лазина велика сала најакустичнија у краљевачкој вароши.

– Може да буде... А знате ли да је тај Вирт полно немоћан... А та Тилда, она је права фуфица!

Па су се неки музичари из Пеште и Темишвара занимали када би они могли да наступе у „Југославији“.

– Који, бре, музичари?! То су Цигани као и наши Цигани! Само имају новије инструменте, нико их још није терао да се пењу по дрвећу и да свирају одатле!

Међутим, када је о хотелу „Југославија“ и његовом власнику снимљен журнал – превршило је. Филм? Истина, кратак, али филм! И на њему Лаза Јовановић – накокотио се.

Све до тада се некако трпело. Од тада је варош замукла. А, познато је, свака варош је најопаснија када ћутује.

ЗЛАТНИ ДАНИ МАЛИШИЋА ДРЖАВЕ

Ипак, пропаст газда Лазе Јовановића дошла је са неочекиване стране. Не споља, већ изнутра. Нису биле криве само високе камате на новац позајмљиван од индустријалца Миљка Петровића Риже. Није био пресудан разлог то што се Лаза заправо и није баш најбоље разумео у хотелијерски посао, па је све препустио особљу. Није било од нарочитог значаја ни то што су запослени почели да поткрадају газду, што су кувари разносили намирнице својим кућама, што је цал-келнер варао приликом пребројавања пазара, што су собарице почеле кришом да подводе извесне девојке имућнијој господи... Пропаст Лазе Јовановића је дошла од стране онога од кога се најмање очекивало – лично од Лазе.

Имао је велику замисао, али када се она најзад остварила, када се сасвим уобличила, Лазу је све око њега почело да онеспокојава, а онда и сасвим да узнемирава. Био је навикао да ради и било му је све теже да гледа сав тај свет који код њега долази да ништа не ради. Чудно, од гостију је живео, али су га они доводили до толиког степена раздражености да све чешће није могао да се суздржи. Када би видео да Св. Р. Малишић испија другу јутарњу кафу у ресторан-сали, Лаза је питао:

— Извините, Држава, да вам можда државни ле-пак не избија на кожу, да се нисте залепили за ту столицу и сточић?! Да пошаљем момка у фарбару по мало разређивача? Човече, народ вас чека испред канцеларије!

И тако, како би дан одмицао. Доушника Невидљи-вог, непрестано заклоњеног раширеним новинама, Лаза је извргавао подсмеху целе „Југославије“:

— Ма, јесте ли то ви, господине Невидљиви?! Ооо, ала сте се прерушили, никада вас не бих препознао да у рукама не држите *Политику* од лане, то само ви можете да читате новине од прошле године и да не примећујете разлику...

Ако неко наручује већ трећу туру пића, Лаза би придиковао:

— Децо, много бадавацишете... Теби је, Вучинићу, сасма пропао олук на кући, што га не поправиш, што се по кафанама разбацујеш, канда се правиш да јеси оно што ниси?!

Или, када се извечери неко друштванце мало под-напије, Лаза би опет имао тираду:

— Пре подне ландарате, један другога на пасја уста оговарате за различитим столовима. Сада се окупља-те око флаше, грлите се и лижете као фебруарске мачке...

И, нарочито, ако примети да неко троши новац на рулету:

— Затварам сто! Како зашто затварам?! Хоћу да црк-нем, барабо, не могу да гледам како ћердаш очевину.

Газда Лаза Јовановић је полако постајао само онај стари Лаза, онај радиша и штедиша, прости обућар, а не некакав вајни хотелијер, сасвим поражен

понашањем сопствених гостију, њиховим размета-
тањем, бесконачном доконом причом, њиховом неу-
мереном склоношћу ка храни и сваковрсном пићу...
Крај је дошао када је једне ноћи приметио да се извес-
но девојче, уз посредовање собарице, ушуњало у собу
веома угледног госта, политичара од каријере. Упао је
тамо, разјарен. Био је то незапамћен скандал. Девојку
је огрнуо својим капутом, позвао је хотелски фијакер
да је одвезе кући, а веома угледног госта је у доњем
вешу истерао на улицу. Као ван себе је викао:
    – Овде си дошао да се курваш?! Бордел ти је мало?!
Скупштина ти је мало?! Па си кренуо међу обичан на-
род, магарчино!
    Сутрадан је Лаза Јовановић дао хотел на продају.
Вратио је дугове. Остало му је толико да себи и си-
новима купи скромне локале у којима би се бавили
занатима или ситном трговином. Није више имао ве-
лике планове. Сањао је стопала. Сањао је хиљаде из-
ранављених табана у прашини, ту и тамо неку бангаву
штулу или штаку. Али кад год би желео да подигне
главу и види коме те силне босе ноге припадају, куда
иду – будио би се сав у зноју. Осим тога, имао је осећај
да је и он био у тој колони, ама своје ноге нигде није
видео, већ нека као нељудска стопала, скоро копита,
папке, шта ли – као да је њега путем, накркаче, носио
сам ђаво.
    „Југославију“ је преузела група закупаца. Једни су
водили ресторан-салу. Мајстору за ручак нису нашли
замену, ниједна овдашња изелица није му била дора-
сла. Оно што је за друге било главно јело, за Панту је
било тек ужина.

Други су држали собе. Званично: „Молим, без привођења девојака сумњивог морала...“ Незванично: „А шта бисте волели, занимају ли вас више црнке или плавуше...“

Трећи су рентирали велику салу за игранке и приредбе. Негде у пословним књигама је остало записано да је ту дворану, са припадајућом летњом баштом, сада под називом „Уранија“, изнајмио кино-оператер Руди Прохаска. Где је приказивао ондашње највеће филмске хитове, углавном комичног или љубавног садржаја.

Продаја, хипотека, поништење хипотеке, извод из катастра, куповина, гаранција, уговор о најму – Малишић Држава је истурао усне, никад се није догодило да мора да овери толико списа за кратко време. Сви су се журили. И сви су, поучени искуством, скрушено питали:

– Господине Држава, да ли би ваљало пивце?

ЉУДИ БИ ЛЕПИЛИ ЖВАКЕ И У РАЈУ

Почетком маја

Почетком маја 1980. године отишао сам у биоскоп „Сутјеска". Приказивао се филм чијег наслова не могу да се сетим. Па чак, а можда то није без разлога, не могу да се сетим ни да ли је филм био играни или документарни.

У сваком случају, то нисам заборавио, биоскопска сала је још тада била у лошем стању. Заправо, запуштена после поратне национализације хотела „Југославија", којем је под називом „Уранија" првобитно припадала, иако неколико пута преуређивана, никада није честито обновљена. Таворила је до 1991. године, потом је наводно привремено забрављена, те до дана данашњег није враћена првобитној намени.

У Краљеву је преостао само биоскоп „Ибар", онај у склопу новијег хотела „Турист". Али, ово није прича о њему, мада би се и ту имало шта додати.

ДОСАДНО НЕДЕЉНО ПОПОДНЕ

Истина, поред свих многобројних недоумица, нисам сигуран ни која је то пројекција по реду била.

Да ли је припадала програму касног недељног матинеа, уобичајеног у дане викенда, када је војска добијала дозволе за целодневни излазак у град? Дежурни официри би извршили смотру у оближњој ауто-јединици и нешто даљој тенковској касарни, посебно обраћајући пажњу на то да ли сви имају иглу и кончић, да пришију дугме ако којим случајем отпадне. Јер, углед Југословенске народне армије и од тога зависи. Затим би додали реч-две о компликованој спољнополитичкој ситуацији, реч-две о ништа мање деликатном тренутку у којем се наша земља налази – и капије су се отварале. Собе у хотелу „Турист“ узимали су они срећници којима је у посету дошла жена или девојка. Улазили су бледи, а излазили румених лица. Парковске клупе су биле начичкане униформисаним новајлијама окруженим рођацима пристиглим из свих крајева земље. Сваки други регрут је на коленима држао кутију од ципела која је послужила за паковање домаћих колача, на питања задивљене фамилије одговарао је пуних уста. А војници којима тог дана нико није дошао замишљено су чекали у дугачком реду испред Главне поште. Скучене телефонске кабине су биле ужасно загушљиве од зноја и других сваковрсних мириса људских тела, одавале су топлоту претходника, чак су и бакелитне слушалице биле влажне од пређашњих дланова. Из суседних говорница се чуло како неко виче („Хало! Хало!“), како се неко смеје („Хе, ма шта кажеш...“), како неко само што не заплаче („Молим те, поздрави је...") – али је свако остајао што дуже може. На крају је мрзовољна телефонисткиња у пару тачно обрачунавала цену разговора и војници су изнова замишљено лутали градом... Напослетку су одлазили у биоскоп. Гледали су шта има да има, оно што се у „Сутјесци" или „Ибру" затекне.

Да ли је та представа приказана у оквиру касног матинеа или је, можда, била прва поподневна? Намењена оним суграђанима који не воле да остају код куће и дремају после преобилног недељног ручка, а још мање воле да уз шприцер слушају одасвуд допируће радио-преносе фудбалских утакмица домаћег првенства, са чувеном, пренаглашено веселом најавом у стиху: „Овај је програм као торта, ред забаве, па ред спорта!" Или је то, напросто, била представа намењена онима који још немају породицу, који су разведени, који су удовице или удовци, па не могу да поднесу самоћу, поготово не у мајско недељно поподне. Прве нико нигде није звао и како сати одмичу све је јасније да их неће звати – зар да се намећу? Други се, после свега што су рекли и што им је речено, никада више не би јавили дојучерашњим ближњима – зар да се понижавају? А трећи? Они су јутрос били на гробљу, већ су однели љиљане, запалили свеће, беспотребно поткресали траву, опрали споменик који су и јуче прали, друштва ради су у оближњој капелици изјавили саучешће породици сасвим непознатог покојника... И зато сви такви, усудом самоће издвојени, очајнички траже места где има неког. Било ког, на аутобуском стајалишту, у чекаоници железничке станице, на тргу где је управо завршена изложба народне радиности или авио-моделара, крај улице којом ће

прозујати учесници бициклистичке трке, у биоско-
пу... Иначе би се можда баш данас одлучили на оно о
чему већ дуго размишљају: на самоубиство.

ДРАПЕРИЈА ОД ТЕШКОГ ТЕГЕТ ПЛИША

Опет, добро се сећам, споменутог дана, почетком
месеца маја, гледалаца је у „Сутјесци" било мало, свега
тридесетак. Пре него што ће угасити главно светло и
звонцетом дати знак кино-оператеру да приказивање
филма може да почне, стари разводник Симоновић
још једанпут разочарано осмотри непопуњене редо-
ве, па навикао да га нико не слуша, као за своју душу,
наведе део из приручника „О мерама и понашању у
случају ванредних околности":
— Посетилац дати простор напушта смирено, без
панике, према упутствима одговорног лица, пратећи
светлосне ознаке...
Нешто слично је рекао Симоновић, сопствене са-
вести ради, већ одавно је изгубио сваку наду да би се
овде ишта озбиљно могло догодити. Нешто слично
је рекао, смртно озбиљним гласом, макар да покаже
знање стечено на курсу Цивилне заштите, ако баш
нема прилику да као на филму, он лично, из какве па-
клене ситуације спасава посрнуло човечанство.
Извесно је, овде се ништа не дешава, репертоар је
све слабији, гледалаца је све мање — није морао ни да
говори Симоновић. Био је годинама потиштен. Где се
затури оно „библијско доба", када су га њега гледали са
страхопоштовањем, малтене као у светог Петра, као у
чувара рајске капије (у виду двокрилних биоскопских

врата)?! Где су она времена када је од њега зависило ко ће овамо свечано ступити, а ко ни у сну не може да привири?! Овако, слутио је, достојанство му измиче. Можда би одиста требало да преда захтев за пензију? Осећао је да сваког дана све безвољније цепа улазнице... А од када су укинули плац-карте, нико га више не поштује ни као разводника, свак седа где му се прохте... Сматра ли та охола светина како јој за нешто ситнине припада баш све?

Нема сумње, једног дана би људи и у рају, само ако их пустиш, ако их не надгледаш, перорезима на све дрвено урезивали иницијале, лична имена, њима важне датуме, интимне поруке, простаклуке сваке врсте...

Овде се први потписао Ђ. Ђ.

1968. *М.*

З. Б. и К. Т. ♥

З. Б. и Д. С.

ТРТ!

Ф.Ј.

ТЕОФИЛ

З. Б. и Г. Н.

TULUMBA

14. VII 1975.

Слађана

Шоле!!!

Д. Ожеговић

27. 02. 1969.

Мирјана, много те волим!
Данило, и ја тебе волим!

Овде сам се жестоко ватао са Мирјаном.

Јеси, Данило, у мислима!

(Иначе си бубуљичави кретен!)

5. септ. 1978.

Добровољна ватрогасна дружина:

Пишурика (председник),

Пишкан (члан),

Пишкица (члан),

Пишко (приправник).

Јебемливасмногописмене!

Нема сумње, људи би у рају, ако тамо постоји један једини зид, исписивали графите, лепили плакате, прибадали огласе, качили пароле и називе фирми, па докле могу да дохвате...

Не газите траву – пушите је! ※

<u>ЧУ АЈТЕ БР ТСТВО И ЈЕДИНСТ О</u>
<u>КАО ЗЕНИЦУ ОКА СВ ГА!</u>

Обнову фасаде извео КОМГРАП.

А врата? Што их нисте макар нацртали?

Памучни веш – тотална распродаја.*
*Док трају залихе.

„Партизан" до гроба.

„ЦРВЕНА ЗВЕЗДА" ИЗНАД ГРОБА!

„КОРОНА" – интернационални циркус!

Велики ♪ концерт ♪ народне ♪ музике:
„Дођите ♪ да ♪ остаримо ♪ заједно".

ЕЛВИС ЈЕ ЖИВ!

Жив сам и ја, па нисам мртав!

Мушке кошуље – осмомартовски попуст.

Општински одбор Савеза комуниста

Соба.
Употреба купатила.
Непушач.
Нема довођења снајки.

Срећна Нова 19_ _. година!

Вршим преправке гардеробе
и продајем мало коришћену венчаницу.

ДЕРАТИЗАЦИЈА!
Зовите Бубета док није касно!

Друже Тито, ми ти се кунемо!

ЖИВЕО 1. мај, међународни ПРАЗНИК РАДА!

БИФЕ „Млади радник“.

Феријални савез Југославије

Комунално предузеће „Чистоћа“ – 25 година за са Вама!

Нема сумње, људи би и у рају, такође, свуда лепили жваке, разбацивали кокице или унаоколо пљуцкали љуспице семенки и сунцокрета. Продају их Милкинац Бабл Гам и Далипи Веби.

Тај Милкинац је скорашњи повратник из Америке. Отишао је као миш, умало није прецркао у загушљивом потпалубљу једног трговачког брода которске „Југооцеаније“. Вратио се после много година, у великом стилу, авионом, воли да нагласи: „Преко Париза, о трошку Администрације Сједињених Америчких Држава!“, али тамошњи Федерални биро за депортацију илегалних емиграната не спомиње.

Далипи Веби се овде доселио из Македоније, из околине Струмице, због „величине тржишта“. Мада му је крајњи циљ променада у Врњачкој Бањи. Тамо сви зобају ко блесави, болесни од нервозе што нису здрави, а здрави зато што су на синоћној партији преферанса изгубили силне новце.

Ено их напољу:

– Бабл гам! Бабл гам!

– Домаћа занимација за зубе, а не тамо нека белосветска!

Шестаре испред биоскопа:

– Бабл гам, НАСА технологија!

– Море, семенки од обичне тикве!

Маме муштерије:

– Бабл гам, непотрошиво задовољство!

– Сунцокрет! Каде нешто нема крај, штој да пожелиш поново!

Надвикују се:

– Бабл гам! Гарант свежина и здравље!

– Кикирики-рики! Сигурна снагица за велики!

За гуше хоће да се дохвате:

– Бабл гам, највећи балони на америчком континенту!

– Брига ме штој је велико у Америки! Она је далеко, далеко... Леблебије, највелики фишеци у Краљеву!

Нема сумње, ни у рају не би било другачије, размишљао је стари Симоновић. Ништа од тога није морао да каже. Дало се то закључити по утученом изразу

његовог лица, док је на улазна врата „Сутјеске“, без-
вољним покретима, навлачио драперију од тешког
тегет плиша. Знатно тежу него што је у почетку била
– зато што из ње, још од када је купљена у најбољој
радњи метраже „Код Лувра“, никада поштено није ис-
тресана прашина.

ПРЕВИСОКО ПОСТАВЉЕН ПРОЗОР

Не, и поред најбољих намера, не може се одмах
наставити. Промена је и сувише нагла. Потребно је
да прође извесно време док се очи не свикну на полу-
мрак. Тек онда је могуће разабирати људску судбину
по судбину, ред по ред.

До тада још неколико речи о старом Симоновићу.
Који је управо изашао. И који је отишао иза биоскоп-
ског дела зграде, у некадашње унутрашње двориште
хотела „Југославија“, доцније летњу башту „Сутјеске“.
Стан му је био близу радног места: тридесетак кора-
чаја кроз кратки пасаж и увек само пришкринута вра-
та од кованог гвожђа, па још десетак корачаја сасвим
десно, где је уз леђа биоскопске сале био призидан
његов дом. Званично – остава за четке, метле и по-
трошни материјал. Незванично – Симоновићево при-
времено стамбено решење. Простор чија је површина
била резултат математичке операције множења непу-
на два метра ширине са скоро четири метра дужине.
Мада су речи „резултат“ и „математичка операција“ у
овом случају одвећ крупне.

Симоновић никада неће заборавити тај дан: 1. сеп-
тембар 1939. године, када се запослио као разводник.

Кључ од оставе му је лично дао закупац велике хотелске сале за игранке и приредбе, оснивач и мањински власник фирме „Уранија“, уједно управник, као и директор репертоара, при томе и шеф технике и саветник напред наведених, уз све и кино-оператер, прави господин, Руди Прохаска. Рекао је:

— Мали, ваља ли ти овде? Знам да је тесно, али кирију не мораш да плаћаш, послужиће док се не снађеш за нешто боље.

Међутим, Симоновић се никада није снашао за нешто боље. Дошао је Други светски рат, Влада је отишла, догодило се немачко стрељање у знак одмазде и бесмислено англо-америчко бомбардовање, збило се ослобођење, па опет стрељање у знак одмазде, „Уранија“ је постала општенародна својина, то јест друштвено предузеће за приказивање филмова „Сутјеска“, али је Симоновић остао у стану-остави.

Није се жалио. Имао је врата. Имао је и прозор. Додуше, баш мали и баш превисоко постављен, па је морао да поскакује ако жели да кроз њега погледне напоље. Имао је места да развуче мрежу за спавање. Имао је пећку звану „краљица пећи“. И њој припадајуће чункове и лактове. Чак се, временом, накупило и превише, сила божија ствари — секира, нож, хоклица као хоклица, па друга хоклица као сточић, решо, лонче, кашика и виљушка, дубоки тањир, их, брацо, још и плитки тањир... а чарапа, веша и кошуља, тога је имао колико хоћеш, да се „луксузира“, да пет дана не мора ништа да опере... Вала, од одеће му ништа друго није требало. Јер, спрва је ту било службено одело.

САДА СИ, РЕЦИМО, СЛОБОДАН...

Руди Прохаска је већ у јесен 1939. године, у име фирме „Уранија“, за младог Симоновића наручио панталоне и сако. Скројио их је буљави Красић, најбољи шнајдер у вароши. Споменути Красић је додатно исколачио очи када му је Прохаска показао слику елегантно одевеног биоскопског разводника̏ у француском часопису *Tout-Cinéma*. И рекао је:

– Нема проблема, господине Руди. Има да буде како је и овде, само да скрозирам крој!

Затим је Красић неко време тако страшно мрдао очурдама, изгледало је да му се очне јабучице никада неће смирити, али када је стручно сагледао све што ће бити неопходно за шнит – у часопис није више ни завирио. Одело је испало као на илустрацији. Укључујући нашивене црвене траке около рукава и дуж спољашње стране ногавица. Плус: капут на преклоп, са месинганим дугмадима! Плус на плус: шапка, оперважена златним гајтаном!

Шнајдера Красића су стрељали Немци октобра 1941. године. Крај краљевачке железничке станице је у неколико дана погубљено близу две хиљаде људи. Красић је и тада, на стратишту, само што није одјекнула команда за паљбу, посматрао униформе построј ених војника. И колачио је све више и иначе огромне очи: какав савршен шнит, какав педантан спој! Просто му је било жао што не може да иступи, приђе и боље „скрозира“ како је изведен поруб.

Оно, недуго после национализације биоскопа Симоновићу су рекли да униформу одложи, некако је салонска, манекенска, буржујски накинђурена. Разговор је обавио извесни Чкиљац, кадровик, ни цивил ни војно лице. Тако су га прозвали јер је неумерено пушио, па је због много дима очне капке држао увек притворене. С друге стране, не дао Бог да те Чкиљац понуди својом табакером и упаљачем, то је значило: готово је, запали последњу, па на стрељање.

Дакле, Чкиљац је прво ћутке издуванио две цигарете. Допуштао је да му жар дође до самих усана, чиме је на „саговорнике" остављао утисак човека који никада не одустаје док до краја не уради оно што је намерио. У Симоновића, који је све време, у ставу мирно, стајао испред стола, једва да је и погледао. Симоновић је, пак, преплашено зверао по канцеларији, колико се од дима дало видети. А није се много видело: пепељара са монограмом „XJ", навршена опушцима и пухором... озлоглашена табакера и упаљач на бензин... писаћа машина и револвер, као запети... Титова и Стаљинова слика, први загонетно, а други очински насмешен... Онда је из облака дима допрло:

– Рећи ћу ти да је ово сада такорећи озбиљна држава.

Затим је Чкиљац здушно попушио још две цигарете. Па је из облака дима изнова допрло:

– Што ће рећи да ово сада није нека монархистичка парада, оперета, шта ли?

И још две цигарете су биле потребне да би Чкиљац закључио:

– Рећи ћеш у магацину да сам им ја рекао да ти дају радни мантил, комада један! Реци им и то да сам ја рекао да потпишеш реверс... Сада си, рецимо, слободан... Ипак, одмори неко време на клупи у ходнику, нећу да ми се онесвестиш на улици...

А онда је викнуо:

– Коста, уведи следећег! И истреси опушке!

У канцеларију је ушао млади човек у униформи. За њим и бивши кућевласник Јагодић, убледео, осут грашкама зноја. Чкиљац је затражио од Косте да донесе већу пепељару, јер је Јагодић већи случај од претходног. Па је полако додавао:

– Можда и господин Јагодић... рецимо, запали једну... или још боље... послужите се, Јагодићу... одмах ставите за уво... па ћемо да видимо... Ја не бих одбијао да сам на вашем месту... шта има везе што не пушите... то вам и није дуван... то вам је, рецимо, пет минута живота више...

Кадровик Чкиљац се 1948. године, када је чуо да је Тито рекао историјско „НЕ“ Стаљину, махинално машио за цигарете, повукао је дим, закашљао се и умро. Чиме је у крајњој линији избегао да буде ухапшен и спроведен у логор на Голом отоку.

СТУБЕ

Симоновић се као млад, а и касније, када је остарио, никада није жалио. Раније је ишао у јавно купатило, али је почетком шездесетих једну од кабина оближњег тоалета намењеног посетиоцима летње баште „Сутјеске“ прилагодио за своје потребе. Ту је уградио туш. Шта ћеш боље?!

У исто време, како је почео да осећа и терет година, набавио је стубе, па више није морао да поскакује када кроз прозорчић жели да погледне напоље. Господе, стубе, какав је то величанствен изум! Јуримо

35

се по космосу, а на стубе смо заборавили. Коракнеш, станеш на другу пречку, и већ видиш даље. Станеш на трећу пречку и кроз прозорчић посматраш јесењи или зимски дан до миле воље.

А у прво пролеће – напоље! Стан-остава је била једина просторија која је излазила на летњу биоскопску башту и Симоновић се, када није било представа, сам самцијат башкарио у убедљиво највећем дворишту у строгом центру вароши. Еј, имао је на располагању преко триста столица на расклапање. Могао је да позове у госте више људи него председник општине. И као дугогодишњи разводник је збиља познавао више света него сви председници заједно. Али је, због природе посла, избегавао да се присније дружи са посетиоцима биоскопа. Плашио се да би га претерана блискост накнадно натерала да кад-тад одступи од начела непристрасности.

– А начело непристрасности је прво од свих начела којег један разводник мора да се држи! – упозорио га је давно кино-оператер Руди Прохаска, том приликом у својству управника. – Са свима лепо, са свима строго. Шта ме брига ко је на ком положају, да ли је начелник, пандур или бивши осуђеник. Пред вратима биоскопа су сви исти, свако мора да се лецне, да се преиспита је ли достојан велике уметности чији сам представник овде ја! А сада и ти!

У НАЧЕЛУ И У ПОЈЕДИНОСТИМА

Невоље су, међутим, почеле седамдесетих година, када је летња биоскопска башта „Сутјеске“ проглашена за неисплативу и затворена. Тада је сав простор практично постао само Симоновићев. Понајвише зато што се није знало шта урадити са плацем у залеђу бившег хотела – без директног приступа са улице није био згодан за градњу или неку другу исплативу намену. И док је урбанистичка расправа трајала, Симоновић је самовољно уклонио столице летње баште, с краја их је уредно сложио, па је својеручно, мацолом од десет килограма, пуне две године разбијао педаљ по педаљ бетона, упоредо са тим послом доносећи џакове и џакове хумуса, садећи свакакво поврће и цвеће, ту и тамо дрвце.

Нико му није рекао да то ради, али му нико није рекао ни да се окани ћорава посла. Нико му није ништа рекао, мада се шушкало:

– Разбијати бетон, а нико те не тера на то?!

– Теглити џакове земље у слободно време?!

– Копати рупе за саднице на туђој земљи?!

– То може само човек који нешто смера!

Показало се веома брзо шта је Симоновић наумио. Летња башта је озеленела. Поврће и цвеће су успевали. А ни дрвеће није лоше напредовало. Борићи и јеле су били још увек мали, брезе нешто веће, али су три врбе већ давале хлад довољан за целу породицу, иако је било јасно да се стари Симоновић никада неће оженити. Живео је у стану-остави од једва осам квадратних метара, са двориштем од преко две хиљаде квадрата. Односно, са толиким вртом. Ништа од тога није било званично његово. Али, шта ће самцу својински лист или решење?! Коме то имање да остави?! Жену и децу нема, ни куче ни маче нема, има само једну птичицу, и то старију од њега, може бити да је напунила сто година – тапија му не треба, довољно је да га не дирају, јер уистину ни та летња позорница никоме није требала.

Е, тако је било у почетку. Док је биоскопска башта била запуштена. Осим тога, ако га избаце из оставе, онда по закону морају збиља да се побрину о Симоновићевом смештају. А он је већ био пред пензијом, по основу радног стажа имао би максималан број бодова, на стамбеној ранг-листи би одмах доспео на прво место. Тако се размишљало док сви у предузећу за приказивање филмова нису добили државне станове, углавном двособне у новоградњи, па и док неки те двособне станове нису заменили за трособне. Онда је почело, примедба је стизала примедбу:

– Он се шири на друштвеном земљишту, а ја се мучим у шездесет квадрата!

– Он има прави врт на јавној имовини, а ја на тераси једва могу да сушим веш!

– Он се разгаћио на заједничком, а ми смо као нешто добили, мисли се да смо стамбено обезбеђени!

Претпоставимо да неко пита:

– Добро, желите ли да имате двориште од две хиљаде квадрата?

Одговор би гласио:

– То би било таман за пристојан живот!

Али, претпоставимо да онај први дода:

– Међутим, стан у том дворишту нема ни осам квадрата...

Одговор би гласио:

– Шта вам пада на памет! Негде морам да живим, нисам ја било ко!

Зато су сви били против Симоновића само у начелу. Али се у појединостима са њим нико не би мењао.

ПТИЧИЦА ЗАГОНЕТНОГ ИМЕНА

Старог разводника Симоновића је све то, ипак, изједало. Па, он никоме не брани да уђе у летњу башту. Он не закључава двокрилну капију од кованог гвожђа. Он и не тврди да је врт његов. Он је чак и на нарочит начин распоредио тридесетак столица на расклапање, водећи рачуна да свако ко жели да седне има и да види нешто заиста посебно: разбокорену главицу купуса, жуто теме цвета хризантеме, чуваркућу која прелива из старе плаве шерпе са црвеним туфнама, смеђи чуперак пупоља младе јеле... Залуд! Нико никада ту није озбиљно зашао, осим да само осмотри и да после паметује:

– Француски паркови су много лепши. Култивисани. Тамо постоји ред. А ово, то је као нека свашштара...

Старог разводника Симоновића је све то, ипак, изједало. Био је утучен. Размишљао је о пензији. Безвољно је цепао улазнице. Слутио је да овде неће бити још дуго. Зато је користио сваки слободан час да скокне до своје баште. Те недеље почетком месеца маја, дан је био леп. Светао. Благо сунце се уз све слагало. Симоновић није издржао, чим је навукао драперију од тешког тегет плиша, пожурио је да види шта ради сав онај биљни свет у његовој башти, шта ради његова птичица.

– Птицо! – позивао је ступивши у унутрашње дворище некадашњег хотела „Југославија“.

Птичица је имала своје име, али је разводник из одређених разлога избегавао да је по имену зове.

– Птицо! – ишао је Симоновић по башти.

Нешто је шушнуло у гранама врбе, птичица је волела да се игра са њим, час је била тамо час овде.

– Птицо!

Чуо се лепет крила, неко створење је слетело на Симоновићево раме. Али, о птичици загонетног имена – касније. Још ништа не знамо ко је све и где седео у сали биоскопа „Сутјеске“. Мада је филм, вероватно, већ увелико отпочео.

ОД ПРВОГ РЕДА
ЗАКЉУЧНО СА ДЕВЕТИМ

РУКА КОЈА ГЛАСА

Као и увек, у првом реду је упорно седео друг Аврамовић, дугогодишњи виђенији активиста Савеза комуниста. Средином седамдесетих година смењен је са свих функција, али не због иначе осионог држања према подређенима, још мање због снисходљивог става према надређенима, већ зато што је „заблудео" на пресудној, веома важној седници, односно није одабрао праву, победничку фракцију. Наиме, тада се одвише занео у оближњем скупштинском ресторану, задржао се на паузи за ручак (савршене ловачке шницле, сезонска салата, два динара), па му је промакла промена односа супротстављених страна. Тако је и направио погрешну процену када се вратио у салу за конференције – изјаснио се за губитничку опцију.

И мада га више нико није позивао на било какве састанке, та стара навика да обавезно заседне у први ред, увек са крајње леве стране, остала је другу Аврамовићу када би одлазио и на смртно досадне књижевне вечери, на рецитале, трибине, академије, па и у биоскоп „Сутјеску". Без обзира на то што одатле, из близине, са свега три метра раздаљине, није могао да сагледа укупну слику на платну. Што, опет, другу Аврамовићу ни најмање није сметало. Он је, као и некада на најважнијим партијским скуповима, блаженог израза лица, претежно жмурио. Повремено, отприлике на сваких петнаестак минута, такође по навици, срчано подижући десну руку као да гласа за нешто пресудно.

Сасвим узгред, „протезао" је друг Аврамовић десну руку несувисло и у другим животним ситуацијама: у шетњи градом или парком, на пијаци, читајући новине, гледајући телевизију, седећи на тераси, лешкарећи у брачној постељи, чак и у храму Свете Тројице, пошто га је жена седмицама наговарала да присуствује крштењу детета једног блиског члана фамилије. Аврамовић је на крају попустио само зарад добрих односа у породици, основној ћелији друштва. Лепо се обукао, заденуо је у горњи џеп сакоа свих девет хемијских оловака... Међутим, у цркви и није баш добро почело. Да ли је друг Аврамовић мислио озбиљно или је само хтео да буде љубазан – отац Дане није могао да верује сопственим ушима кад га је овај потапшао по рамену и рекао:

– Видим, на зидовима и у куполи имате много слика ранијих руководилаца...

Стари свештеник се само накашљао. Али, тек што је обред почео, умало није испустио *Свето писмо*:

– Човече! Да, да, ви... Хоћете ли да спустите руку, налазите се у дому Господњем.

Аврамовић је после причао да је био веома незадовољан процедуром крштења, није било расправе о дневном реду, нико није водио записник, скупом је преовладавао верски тон... Само је завршна тачка била задовољавајућа, свечани ручак код блиског рођака се одвијао успешно, Аврамовић је за трпезом водио главну реч:

— Хоћете ли да ми додате још мало од плећкице!

Друг Аврамовић није имао разумевања за религију, а наука није имала разумевања за друга Аврамовића. Доктор Миле Марковић Гроф, интерниста, беспрекоран дијагностичар, није могао да се начуди, рекао је да медицина не познаје истовремено нехотично грчење тако бројних група мишића.

— Хајдемо још једанпут... Подигните... Спустите... Подигните... Довољно... Добро је, правовремено реагујете... Ама, човече, довољно је, не морате више, сасвим је довољно, можете да се обучете... Знате ли шта вам је све потребно да ускладите ову радњу: мишићи рамена, надлакта, подлакта, шаке... делтоидеус, рамено жбични, двоглави мишић надлакта, обли увртач надлакта, спољашњи и унутрашњи прегибач шаке, дуги прегибач палца, дуги одводилац палца, супротилац палца, посебни опружач малог прста... Ма, шта вам набрајам... Друже, када то радите, када гласате, знајте, користите више од шездесет мишића. Остале органе не рачунам... — куцнуо се доктор Миле Гроф дваред по слепоочници.

— А на које то „остале" органе циљате? — лецнуо се Аврамовић.

— Будите спокојни... — наставио је доктор Миле Гроф. — Прво, од тога се не умире. Друго, обавезно морате код неуролога. Треће, даћу вам упут и за ортопеда... Иако сам сигуран да ће вам колеге саопштити исто: тај неконтролисани покрет иде вам право из

кичме. Да нисте скорије имали какво озбиљније на-
гњечење или уклештење? Да се нисте, друже, преви-
ше или нагло сагнули? Само да знате да вам то није
довољно за статус инвалида рада.

— Ја се никада не сагињем! — испрсио се Аврамо-
вић, још увек у трегер-мајици.

И није послушао савет интернисте Мила Марко-
вића Грофа, није наставио са испитивањима. Јер, шта
има лоше да му се догоди. Од тога се не умире. На-
против, доказаће се, он је од подизања руке баш лепо
живео.

НА ИМЕ

Опет, као и обично, у другом реду се разбашкарио
чувени градски пијанац Бодо, излетнички опремљен
са два пива, векном хлеба и четврт килограма алпске
саламе. Имао је обичај да у биоскопу слатко обедује,
да све залије одговарајућим алкохолом, да гласно
подригне и зевне. А онда, ставивши јефтине наочаре
за сунце, у трену праведнички задрема. Уопште не об-
раћајући пажњу на оно што се збива на платну.

Бодо биоскопску карту није плаћао, стари Симо-
новић му је допуштао да уђе „на име“, а и он је то
већ сматрао неприкосновеном привилегијом. (Мада
је потиштени Симоновић ово чинио пре свега због
своје професије. Био је то један од начина да пред
свима поврати пољуљано поверење у овлашћења раз-
водника, да пред свима докаже како од његове бран-
ше зависи мало више тога него што се обично сматра
у новије време.)

Као непоправљиви зависник, којем су социјални радници више пута наметали принудно лечење, Бодо је на неколико места у граду имао „базе", а у џепу план са прецизно уцртаним тачкама „тренутно располо- живих средстава за нивелисање стварности". Отпри- лике овако, када се легенда мапе правилно протумачи (али, наглашавам, само отприлике, да неко не би по- мислио како су „средства" још тамо, па да губи нерве залудно их тражећи):

— три кружића: три флаше трстеничке ружице, у градском парку, испод плоче крипте изгинулих пар- тизана (увек доступне, осим у дане државних празни- ка, приликом полагања венаца);

— један квадрат: боца стомаклије у казанчету, у мушком тоалету, на првом спрату поликлинике, где су биле ординације психологије и психијатрије (на- пућене сестре на пријемном одељењу нису веровале сопственим очима: Бодо је на заказане разговоре до- лазио „векторски", а враћао се „амплитудно");

— један трапез: „флајка" влаховца, у прашњавом шимширу поред зграде СУП-а (стога се Бодо, ако би био притворен због пијанства, вазда добровољно ја- вљао да уреди живу ограду, мада су га некада хапсили и трезног, само због пролећног поткресивања);

— један правоугаоник: увек нешто хладне ракије у шахту код Водомера, у близини кајак-клуба, одмах како се степеницама сиђе до реке (при чему је ова ра- кија била мека, односно мање јака, такорећи „спорт- ска варијанта");

— безбројни троуглови: свуда по граду расута, јед- нодецилитарска „авионска" паковања...

Требало је само безбедно стићи од тачке до тачке.

УВЕК СПРЕМНО КЛУПЧЕ ВУНИЦЕ

Одмах иза Бода, средином трећег реда, свио се неки Вејка, бескућник, у свако доба године умотан у преширок балон-мантил. Када би га позорници „на пракси" легитимисали и с висине питали где му је стално место боравка, знао је да одговори:

— Како где је? А где су теби очи? Видиш да живим у мантилу! Кућни број XXXL. Простран је, има пет комфорних џепова, високу крагну и није промочив.

Вејка је, иначе, био лаган као перце. Тешко да је имао педесет килограма. И то када се мери на кванташкој ваги, која више показује у корист препродаваца. Склањао се са улице чим се једна једина лиска на старим липама по ободу трга занесе, камоли помери. Наиме, непрестано је био обузет паничним страхом да га ветар не одува: тамо-овамо... толико далеко да неће умети да се врати. Ваљда је зато у џеповима балон-мантила увек држао прегршт ситнине. Због баласта, никада као милостињу није примао папирне новчанице, већ само кованице, ценећи их по тежини а не по номиналној вредности. И вероватно је зато, поред ситнине, у џеповима увек имао и два-три смотуљка црвене вунице. Од којих је крај нити једног био проденут кроз рупицу на реверу балон-мантила, проденут па завезан у мртви чвор. Презирао је пецарошке жилице и друге пластичне узице, а био је и убеђен да га црвена вуница штити од урока.

Ослушкујући сваки шушањ, подозрив ако неко кине или јаче уздахне, Вејка је непрестано гледао где би се заклонио, показујући на небо, свима је у поверењу понављао:

– Веровали или не, да ли су Американци, да ли су Руси, у сваком случају неко је горе подигао рајбер и отворио врата, прозор, баџу, шта ли... Осећате ли како право из свемира хуји? Само се ви луфтирајте, једног дана ће космичка промаја, куд који мили моји, као лањске сламке да нас развуче.

Свети Отац Бог

Тако је то било са Вејком, а четврти ред је, као по неком неписаном правилу, био резервисан за Роме. Или, како се тада говорило, за Цигане.

Овог пута су ту седели само њих двојица – Гаги и Драган. Разлике ради, ако је икако могуће: Гагијево право име је било Драган, док је Драганов надимак био Гаги. Први, нешто старији Гаги, био је неписмен, па му је други увек читао шта то ситно пише на „титлу“, да, тамо, доле...

Ипак, како ни онај млађи није био баш највештији са азбуком, односно пошто су се исписани дијалози често смењивали брже но што је постизао да их прати (а некада се нису добро ни видели, јер су начичкана слова била као испрана варикином), Драган је импровизовао, додајући и оно што није речено. Већ би се негде у првој четвртини пројекције обично толико занео да је по свом нахођењу тумачио реплике. А онда би настављао све понесеније и понесеније. Чудно је како једна иста прича, у зависности од поузданости посредника, може да садржи сасвим различите исказе. Драган једино није волео да са Гагијем гледа домаће филмове. Ту није имао простор да се „размахне“.

Приде, у домаћим филмовима је свако био убеђен да је саопштио тачно оно што је и заустио.

Треба истаћи да је старији Гаги у Драгана гледао с поштовањем, као у „Светог Оца Бога“. Чак и онда када је било јасно да Драган измишља.

– Не прескачи! Шта каже, шта је сада рекао? – мунуо би Гаги лактом другара када овај застане, иако су глумци на платну изражајно, драмски ћутали.

– Шта би сад ти?! Да лажем?! – наводно би љутито одвалио Драган. – Нико ништа није гукнуо! Ваљда и сам чујеш?! Само те је онај главни, климањем главе, лично и персонално поздравио!

ГУРАЊЕ НОСА У РАДЊУ ФИЛМА

– Јелте? А како вас није срамота да обмањујете човека?! – јавио би се из петог реда преозбиљни господин Ђорђевић.

Ако је некоме данас уопште стало до детаља: Ђурђе Ђорђевић, гимназијски професор ондашње југословенске књижевности и српскохрватског језика, са тегет флеком на џепу сваке кошуље, јер му је наливперо увек пуштало. Превремено пензионисан. Мада му је другачије саветовано, веома лош писмени рад о неком државном празнику, једног напредног омладинца, који се пак завршавао полетним речима: „Живео друг Тито!“, оценио је коментаром: „Живео! Него шта! Недовољан (1)!“

– Шта се као правите да не чујете? Питам, како вас није срамота да варате човека? – поновио би господин Ђурђе Ђорђевић, припадао је иначе оним људима које можемо назвати бескрајно упорним.

Драган је ћутао. Можда због нечисте савести. Ипак, знао је колико претерује. Није хтео да се упушта у полемику. Међутим, Гаги би се окренуо и скресао:

– Бре, чиле, много гураш нос у радњу филма! Да ниси можда љубоморан што је главни глумац само мене уважио?

Што би, опет, изазвало тврдоглавог господина Ђорђевића да се премести ближе, да се нагне и покуша образовно да делује. Говорио је натенане, „фитиљио“ је речи, знао би и кроз уши глувог да их продене:

– Младићу, ви можда не знате, ваш пријатељ непрестано безочно лаже. Слушам, слушам и питам се када ће да престане. Наравно, може му се, зато што сте ви неписмени... С друге стране, он грубо изврће једну уметност каква је филмска. Ако ми дозволите, ја ћу вам тумачити шта су глумци заиста рекли...

Али, то није вредело. Гагију се није свиђало оно што је господин Ђорђевић читао. Убрзо би се опет окренуо и смрсио:

– Курафте и ти и твоја уметност! Немаш појма, све нешто пицаниш! Драган чита ко Хајле Селасије, цар Етиопије!

Напослетку, господин Ђорђевић би се вратио на своје место у петом реду, не пропуштајући да закључи:

– А, нећемо тако, још није крај, још ми нисмо расправили ко је шта коме рекао!

ТРИДЕСЕТОГОДИШЊЕ ПРИПРЕМЕ

Дабоме, све би то чуо Ераковић из шестог реда.

– Тачно тако, професоре. Уметност данас није на цени... – гласно је он подржавао господина Ђорђевића, што овоме ништа није значило јер Ераковића није подносио.

Тај Ераковић је био уметник. Односно, још увек није био, али се протеклих тридесетак година свакодневно веома озбиљно спремао да то постане. Ераковић је, где год би макао, непрестано био у друштву са супругом, то јест са Ераковићком. Она је била једина особа на свету која је безрезервно веровала да ће Ераковић успети. Највише зато што је од њега сазнавала новооткривене истине о том истом свету. Ове мудрости су биле прецизно изречене, у највише две или три реченице, јер их је Ераковић заправо проналазио у речницима, лексиконима, енциклопедијама, те је исте нештедимице цитирао. Али, Ераковићка то није могла да зна. А и да је знала, више је веровала Ераковићу. Волела је и веровала. Та се осећања, ваљда, граниче. Уосталом, када би случајно отворила неку од тих књижурина, бесно би прстом упирала у раздељак текста:

– Јао! Види, молим те, неки Волтер! Како га није срамота?! Ово је од тебе преписао. Немој да се свуда разбацујеш. Треба да се чуваш где шта и пред ким говориш!

Наравно, овом брачном пару ни по чему није било место у доњем делу биоскопске сале, али су ту седели, ближе платну, да би Ераковић с већом прецизношћу „скинуо" глумачке изразе. У последње време он се веома озбиљно занимао идејом да се у „догледној перспективи" окуша у области филма. Ераковићка је и овог пута веровала. Па га је и спремно подржавала. Једном, када је њен супруг запао у стање малодушности, када је признао:

– Пући ће ми глава! Откуд толико наизуст могу да науче?! Мислим да никада нећу постати глумац, можда би било паметније да се окренем ликовном стваралаштву...

Једном, када је то рекао, она га је спремно утешила:

– Шта има везе. Мени је свеједно.

УДВОЈЕНИ, ПОСЕБНИ ГЛАСОВИ

Међутим, други нису чврсто веровали. Поготово не мусави градски мангупи Ж. и З. Где год би Ераковићи сели, ова двојица су волела да се сместе иза њих. У биоскопу – у седми ред. Звали су их тако, скраћено: Ж. и З. Никада пуним именом. Тешко да су имали више од дванаест година. Волели су да седе иза Ераковића не би ли имали коме да добацују. Ераковићи су се правили да их ич не примећују, мада су их и Ж. и З. прилично нервирали. Примера ради, Ераковић је био човек изразито ниског раста, али су га Ж. и З., током пројекције, по неколико пута наводно најљубазније молили да се још малчице спусти у свом седишту, јер они, тобоже, ништа не виде.

Једна од тих, не баш нарочито духовитих шала, имала је ипак озбиљне последице. Како су га Ж. и З. често „прозивали", изговарајући његово презиме брзо и упола гласа, а када би се он и окренуо, мангупчићи би незаинтересовано зевали лево-десно, Ераковић је умислио да чује „анђеоске гласове“. Па и више од тога: умислио је да га нека посебна, „небесна сила“, непрестано позива да оствари своја обимна уметнич- ка хтења.

Ераковић је, иначе, био уверени атеиста. Али, у овом случају је сматрао да човек не треба баш да цепидлачи.

– На крају крајева, нећу да претерујем, религији увек могу да се предам само онолико колико мени буде одговарало... За почетак да макар видим шта те небесне силе од мене очекују – причао је сам са собом.

Односно, наглас се надао. Рачунао је: када му се одозго, с највишег места, већ тако упорно казује, јед- ног дана ће ваљда тако и да буде.

ПОСРЕДНИК

Могло се лако догодити да прескочим осми ред. Ту се налазио Врежинац. Био је тих, једва приметан, како би Гогољ на почетку *Мртвих душа* описао Чи- чикова: „...господин ни леп ни ружан, ни сувише де- бео ни сувише мршав, не би се могло рећи да је стар, а не може се казати ни да је сувише млад.“ Врежинац је био управо и такав и онакав, па се ваљда зато најус- пешније од свега бавио посредовањем. Зарађивао је на свим могућим разликама, није било посла који је за њега био занемарљив, овде динар тамо два, важно је да постоји провизија. При чему то никада није била

обична препродаја већ више – услуга. Рецимо, Вре-
жинац је у „Сутјеску" доводио посетиоце. Нарочите
посетиоце, да гледају нарочите филмове.

Негде у другој половини седамдесетих, као нека
врста најезде, учестале су туристичке групе из Со-
вјетског Савеза. Гости су обилазили околне знамени-
тости, ноћили су у нашем граду, а ту су имали и неко-
лико часова слободног времена. Углавном су шетали
тргом и централним улицама, дивећи се роби у изло-
зима, скромној са становишта западњака, раскошној
из угла неког ко је долазио са истока Европе. Руски
туристи су се шетали и шетали до изнемоглости, увек
у групи. А онда су одлазили у „Сутјеску".

Кажу да је Врежинац посредовао да се реперто-
ар прилагоди овим гостима. Знало се, чим је испред
биоскопа истакнута најава каквог данског еротског
филма – Руси су опет ту. Читав час пре пројекције
испред благајне се окупљало педесетак, некада и пуна
стотина, скромније одевених средовечних или ста-
ријих људи. Нешто су се сашаптавали, саветовали, као
да се и даље премишљају да ли да гледају филм или не.
Неки су с неверицом зурили у голишаве девојке на
плакату. Неки су црвенели, мада су још тада ти дански
еротски филмови били више приглупи него уистину
еротски слободни. Неки су пребројавали новац. По
десетак пута, у парицу. Сакупљену суму су предавали
Врежинцу, који их је и довео, те је зато карта и била
нешто скупља.

И, то памтим, туристи из Совјетског Савеза су се
непрестано освртали као да страхују ко ће их видети
да улазе. Многи су тада са револа скидали значку са
Лењиновим ликом... Какви су им утисци били после

пројекције, то не знам. Излазили су бледи, с неким наговештајем смешка у углу усана. Ето, и то су видели. Судећи по свему – нису се осећали преварени. И на ревер су враћали Лењинову значку.

Врежинац је зарађивао. Разводник Симоновић је сматрао да то није поштено и у више наврата је покушавао да ступи у расправу са посредником. Али је Врежинац, као и сваки мудар пословни човек – ћутао. Бавио се својим пословима и није ништа говорио.

ТЕТОВАЖА КОЈА ЈЕ КО ЗНА КУДА ЗАЛАЗИЛА

Најзад, у деветом реду, којим се завршавао доњи део биоскопске сале, седео је Ибрахим, посластичар. Вредан човек, чувен по томе што се упорно „држао наше ћирилице“. У улици, у којој се налазила његова радња, већ су га окруживале фирме разметљиво труковане латиницом, углавном енглеске речи које је мало ко разумео. Али, власник самосталне занатске радње „Код хиљаду и једног колача“ никако није хтео да се поводи за модом, није хтео да мења натпис.

Ибрахим је у биоскоп одлазио породично. Са њим је седела Јасмина, кћи, увек са марамом преко главе. Била је веома лепа. До Јасмине је била њена мајка. Видело се од кога је девојка наследила складне црте лица. Нико није знао име Јасминине мајке. На десној надланици је имала чудесну тетоважу, некакву арабеску којом је била прекривена читава горња површина шаке и која је потом залазила испод одеће, у свако доба године дугачких рукава.

Причало се да је Ибрахим хтео да убије јединог чо-
века који је својевремено видео како изгледа тетова-
жа на подлактици и мишици његове жене. Али, гово-
рило се, тај је побегао у Аустралију. Ипак, измишљали
су трећи, посластичар је штедео за пут преко океана,
не би ли пронашао тог јединог који је осим њега знао
куда се и како пружа она тетовирана шара.

ПРАЗНИНА
И ПТИЧИЦА КОЈА САМО ШТО НЕ ПРОГОВОРИ

ПРАЗНИНА

После деветог реда није одмах долазио десети. Наиме, између ових редова налазила се празнина ширине око два метра, начињена ради лакшег уласка и изласка гледалаца. Па би тако требало да буде и у овој причи о пројекцији филма чијег наслова не могу да се сетим. Као што не могу да се сетим ни да ли је филм био играни или документарни. Мада је сигурно приказиван почетком маја 1980. године у сали биоскопа „Сутјеска“.

Некада се знало: десети ред је управо због те празнине и већег простора за ноге био намењен најугледнијим посетиоцима. Па и не само због комоције, већ и зато што су у десетом реду биле највидније тоалете, биоскоп је тада подразумевао свечану гардеробу. Доцније, када су првобитне столице, пресвучене плишом, замењене обичним, дрвеним, чија седишта одскачу како ко устане, најудобнији десети ред је чуван за партијске функционере, висока војна лица, директоре школа... Тако је то било док је разводник

Симоновић био мање потиштен, док је водио рачуна о „рајској хијерархији“. Док је и сам седео на радном месту, у сали, крај двокрилних врата и тешке драперије, а не као тог недељног поподнева – у летњој башти. Уживајући у благом сунцу и у разговору са птичицом која му је слетела на раме. Због које је неопходно вратити се на почетак XX века и сетити се Рудија Прохаске.

ЈЕДИНО ЈЕ СМЕХ СВУДА ИСТИ

Рудолф Прохаска рођен је 1889. године у Дарувару, где се његова породица доселила из Чешке. Као дечак је кренуо на велику турнеју путујућег биоскопа свог деде Франца Прохаске. Тако је обишао многе крајеве аустроугарске монархије, 1904. године је први пут прошао српском краљевином, а онда је кроз бугарску царевину препречио све до османлијске Турске, тачније до палате Долмабахче у Истанбулу. Наиме, Франц и Руди Прохаска су приказивали филмове чак и султану лично.

Како је свет велик! Прашњава равница, прави путеви оивичени дрвередом топола или дудова који су преродили, на раскрсницама зарђали метални крстови, на границама атара капелице посвећене свецима који су тај крај избавили од куге или неке друге пошасти... Питоме долине река, врбаци, вирови, клопарање напуштених воденица, сатруле скеле и расклаћени мостови... Врхови под снегом, збијена брда, остаци старих утврђења, усамљен црни бор, вододерине и одрони... Оштре клисуре, маховина са обе стране и сунце које се само у подне види... Забрекли морски теснаци, стење које гризу валови, рибарске бродице као орахове љушчице, и на далекој пучини уздисани пароброди...

Како су језици моћни! Атлетски немачки, хрускави мађарски, брбљиви српски, умиљати бугарски, непредвидљиви турски... Све је тако различито, само су се људи на једнак начин смејали свуда где би деда Франц одредио да застану и где би унук Руди развукао платно и почео да окреће ручицу кино-апаратуре.

Међу стотинама крчми у којима су Чеси приказивали покретне слике нису се могле наћи две исте. Другачије су биле намештене. Неке су биле претерано чисте, а неке претерано штрокаве. Негде је мирисало на олај и сушени босиљак, а негде је воњало на окисле пелерине кочијаша и зној испрегнутих коња. Негде су гости долазили да певају, а негде зато да се ван куће обесе. Негде су се опијали јер није било слободе, негде су се опијали јер са слободом нису знали шта да чине...

Ни храна и пиће служени посетиоцима током пројекције нису били истог укуса. Осећало се које је живинче до малочас трчало, а које је само трпељиво чекало да га газда прикоље. Осећало се која је ракија препечена на силу, ћутке, а уз који се ракијски казан радосно окупљало цело насеље. Осећало се које је вино направљено тек да га има више, а које у само једној чаши садржи пола бачве...

И крчмари и крчмарице су се различито свађали. Негде уз пуно вике, у пени десетине реченица, да би се после као случајно диркали. А негде се расправа сводила на реч-две, да би се после са још већом мржњом гледали, било је само питање времена ко ће кога, на спавању, сурово утући секиром...

Па и народ, посетиоци, и они су свуда другачије жаморили док су се окупљали. Правећи се да су биоскоп већ видели, мада им је о њему неко некада само причао, или признајући да нису срели тако нешто, али до шаптаја потискујући узбуђење. А негде су се јатили од раног јутра, придржавајући кљасте, носећи колевке са децом, кревете заједно са стогодишњим бабама или славске клупе за читаве породице, не марећи колико галаме, јер је велико питање када ће њиховом недођијом нешто слично да прође...

Све је било тако различито, једино је смех свуда био исти. Спрва суздржан, а онда, како би Франц и Руди низали филмску бурлеску за бурлеском, смех је био све грленији, на крају и сасвим необуздан.

ХОЋЕТЕ ЛИ ВЕЋ ЈЕДНОМ ПОЧЕТИ?

У почетку се чинило да је султан Абдулхамид Други мимо осталих – да се никада неће насмејати.

Стари Чех са бакенбардима и тек омаљавели дечак су по доласку у Истанбул приказивали филмове у хотелима и кућама бољестојећих људи. Град је био велик, стотине мујезина је позивало на молитву, свуда су се пушили топли хлепчићи и ђевреци, овде-онде би севнуо златник или бодеж, неко је лудовао, неко мудро ћутао, а неко снатрио уз наргиле и хашиш... Биоскоп је сматран чудом. Представе су биле попуњене до последњег места. Највише је гледан неки филм са глумцем који мења десетине израза лица, ролне назване „Излазак радника из фабрике дувана“, „Доручак бебе“, „Купање у мору“, спектакл „Крунисање краља Едварда VIII“, живописна сторија „Вожња каналом Гранде у Венецији“, фантастично остварење „Путовање на Месец“, а Франц Прохаска се некада усуђивао да прикаже и кратки али скандалозни филм „Пољубац Меј Ирвинг и Џона К. Рајса“.

Једне вечери, у елитном кварту Бејоглу, у публици се затекао и Тахсин-паша, султанов лични секретар. Вртео је бројанице и чупкао брадицу. Сутрадан су дошла двојица која су Чесима наредили да спакују апаратуру и одмах пођу са њима. Били су обучени на европски начин, говорили су француски, али сами погледи су јасно казивали да је беспредметно постављати питање куда их воде. Злослутно су деловали и упорни захтеви власника Францовог и Рудијевог коначишта да измире досадашњи рачун, стално је ишао за њима, хватао се за главу и вречао:

— Платити, ефенди... Сада платити, до сада... За после ћемо да видимо после... Ако се вратите... Молим, ефенди, сада платити...

А одвели су их у палату Долмабахче. Колико пута су Чеси пролазили из сале у салу, толико пута су их претресали капицибаше. Најзад им рекоше да у једној од дворана све припреме и да чекају. Можда султан заправо и није био ту, јер је више волео да борави у старом павиљону на Јилдизу. Раскош палате Долмабахче није му пријао, а и скромнији павиљон је лакше чуван. Франц и Руди су чекали. Уз сваки стуб у дворани стајао је један капи кулар, нека врста султановог личног гардисте, спремно држећи десну шаку на балчаку сабље. Нико није проговарао. Франц и Руди су чекали. Наједном, нешто шушну, султан се појавио без нарочите церемоније. У стопу га је пратио тумач. Сви су оборили главе. Поклонили су се и Чеси, при чему је Руди Прохаска, ипак, гледао испод ока. Абдулхамид је био човечак од шездесетак година, блед, несигурних покрета, деловао је чак уплашено. Причало се да је обузет десетинама безразложних страхова, као и једним који је могао бити сасвим оправдан – многи су желели његову смрт. Султан је свуда видео завер младотурака или покушај атентата јерменских поданика. Како су године владавине одмицале, све више се заплитао у сопствену мрежу шпијуна, окружио се свитом ласкаваца, све је мање разазнавао ко му је одан а ко је само удворица. Све више се удаљавао од стварности и све више је бледео.

У сваком случају, султан је деловао безвољно. Странце готово да није ни погледао. Засео је на нешто што није било ни кревет ни престо, из богатог набора рукава једва да се појавила његова невелика шака, једва да је померио мали прст, једини од свих који је био украшен прстеном са капљицом црвеног драгог камена. Руди Прохаска никада није заборавио ту шаку, нешто дуже, лепо неговане нокте и тај мали прст чије је мицање заправо било знак да пројекција може да почне. Војници на прозоре намакоше засторе, сенке у дворани се издужише. Султан зверну очицама, чинило се да ће се предомислити, полумрак му није пријао. Деда Франц крену да говори, бирано је поздравио султана, накитио је кроз колико су земаља прошли и објашњавао шта ће сада видети... Причао је на француском и уметао једноставније речи на турском, већ их је неколико научио. Абдулхамид се понашао незаинтересовано, одсутно је зурио, на лицу му се није могао видети ни најмањи трзај, као да ништа од свега није ни чуо. А онда је тумач, мада је султан помало знао француски језик, почео да преводи. Франц Прохаска се презнојио – од укупне његове приче султану су саопштене можда две реченице – када се онај мали прст опет једва померио и када је тумач рекао:

– Његова светлост пита: хоћете ли већ једном почети?

Није се могло назад. Руди Прохаска је завртео ручицу кино-апаратуре. Кренуле су слике. Султан, међутим, као да ништа није видео. Приказиване лудорије је гледао празно, чак са извесном досадом. Равнодушност је показао и када је стављен наредни колут. Ништа се није променило ни уз трећи... Тек је четврта филмска ролна, једно лице на платну чија мимика заправо није била смешна, већ је опонашала жалост, тек је тај део пројекције измамио султанову пажњу, сетан смешак. Надаље је Абдулхамид почео видно да ужива. И све чешће се осмехивао. Па се и мало заруменео. А сред наредног филма – Абдулхамид је на изненађење свих устао и пружио руку ка платну. Руди Прохаска је гледао како преко султанове мале шаке прелазе слике десетина људи и како он покушава да их додирне по челу, образу, уснама...

Потом се Абдулхамид накашљао. На то се и тумач накашљао. Султан је дечаку у длан утиснуо златну мецидију. Тумач је старом Чеху предао нешто као свитак, плакету. Султан је кренуо ка излазу из дворане, изнова све уплашенији и уплашенији, све блеђи и блеђи... Тумач га је пратио у стопу...

Пројекција је сасвим успела. Франц и Руди Прохаска су за свог боравка у Истанбулу често позивани у палату Абдулхамида Другог. Он их је дочекивао као какав невесели затвореник, није проговарао, али су га филмови макар на тренутак доводили у заблуду да је као и сваки други човек.

Власник коначишта више није захтевао да Чеси одмах плате, понављао је левантски лукаво:

– После, ефенди, после... Ја све пишем, лако ћемо да обрачунамо...

РЕЧНИК ИЗ 1905. ГОДИНЕ

Султан Абдулхамид Други је упамћен као чудан владар. С једне стране увео је многе новине, турско друштво се убрзано отварало, реформе су се множиле, превођене су књиге, железница се гранала... Али, с друге стране, Абдулхамид је панично страховао за судбину старог уређења државе, Устав је укинуо свега неколико дана пошто је ступио на снагу, Скупштину је своjевремено очас распустио, да би је изнова сазвао тек неколико деценија касније... Противници су ухођени. Поткаѕивање је постало уобичајено. Било је посла и за оне који тихо затежу свилени гајтан око врата. Нарочита комисија се бринула да одређени изрази или имена никада не буду употребљавани у свему што се објави. За непостојеће речи су проглашене: „слобода“, „револуција“, „штрајк“, „анархија“... Опет, неке друге речи нису протеране, већ су биле само мало другачије објашњене. У Османском речнику штампаном 1905. године дефиниција речи „демократија“

гласила је: егзотична птица из Америке. Нешто даље и реч „тиранин" је имала слично тумачење. Уопште, састављач речника се досетио да један број незгодних појмова може да објасни као ову или ону птицу из овог или оног краја Земљиног шара.

За време боравка Франца и Рудија Прохаске у Истанбулу, недавно објављени речник је био омиљен предмет подсмеха. Народна разонода. У кварту Фанар, па у делу града између Бешикташа и Румели Хисара, чак и у главној улици Пери, трговци су „испод руке" нудили „живу робу" најчудније могуће именовану. А биле су то прекоморске птице – углавном папагаји доспели из Аустралије или Јужне Америке.

– Демократија... – дошапнули би они могућем купцу загледаном у какав кавез са нарочито разнобојним папагајем.

– Тиранија... – дошапнули би другом могућем купцу загледаном у суседну крлетку са нешто мање раскошном птицом.

ДЕМОКРАТИЈА, ПОВОЉНО!

Трговац се звао Селим Баки Аксу. Стално је ширио руке колико може више. Раздрагано је дочекао странце, старијег господина и момчића, онако како вешти Турци и чекају муштерије, готово да их је изљубио. Малтене је испало да је Селим на том месту држао радњу више од тридесет година не би ли једног дана у њу ступила баш ова двојица Чеха и било шта пазарила. Запљескао је длановима и шегрта одмах послао на улицу:

– Кемале, сине, сунце ли ти калајисано, морам ли све да ти кажем, донеси чај, будало! Знаш шта ћеш да продаш док будеш стајао тако као пармак...

А онда није ни питао зашто су Франц и Руди изабрали његов базар, стао је да размотава тепихе и трубе платна, да ређа фесове и папуче, из длана у длан да пресипа егзотичне зачине... кад одједном примети да дечак гледа у један од кавеза са птицом. Селим је оставио сваку другу робу, пронашао је штап са куком, скинуо крлетку, раширио руке, саопштио цену и намигнуо:

– Демократија, повољно!

– Ха, знам за шалу о речнику. Али то је, ипак, папагај. Има и лепших и већих. Осим тога, скуп је... – рекао је Франц Прохаска.

– Није папагај, већ је демократија... Лепши су само лепши, већи су само већи, а овог дечак може да научи да говори! – раширио је руке Селим Баки Аксу.

– Скуп је! И откуд знам да та птица није тиранија? – рекао је Франц Прохаска.

– Није скупа! Како демократија може да буде скупа?! Па ово је скоро џабе! За друге птице могу да се договарам, али ову не дајем тек тако... Да вас научим, тиранија се увек шепури, костреши и ћути. Демократија је птица ситна, нема је, али када једног дана проговори... Ево, стигао је и чај! Кемале, сине, сунце ли ти калајисано, морам ли све да ти кажем, донеси шећер, будало... Што ми не седнемо да о свему попричамо? Служите се, сладите колико вам душа иште, немојте да се устручавате... – раширио је руке Селим Баки Аксу.

Надгорњавање је трајало добар час. На крају је Селим спустио цену и најситнију птицу у радњи продао

„само" троструко скупље него најкрупнију птицу у тој истој радњи. Франц Прохаска је на улици питао унука:

– Задовољан?

Руди је потврдио главом.

– Сада од тебе зависи каква ће бити, шта ћеш да је научиш... – рекао је Франц Прохаска. – Него, шта кажеш да се вратимо? Доста је било, а и не бих да умрем у туђини. Твоја баба ми то никада не би опростила, већ је закупила гробно место за двоје...

ДЕСЕТАК И ВИШЕ ЈЕЗИКА

Без обзира на све околности – љубав је та која одређује живот. Руди Прохаска је путовао, ослушкивао језике. Једно време се у Прагу школовао за електричара. Пред Први светски рат мобилисан је у војску Аустроугарске. Дезертирао је и пребегао у Србију. Борио се на страни мале краљевине. У њој је остао и када је проглашена уједињена Краљевина Срба, Хрвата и Словенаца, потом и велика Краљевина Југославија, запослио се у београдском „Модерном биоскопу". И данас се његово име спомиње као пресудно приликом оснивања првих сталних дворана за приказивање филмова у Чачку, Крагујевцу, Лесковцу, Нишу, Врању, Тетову, Штипу, Скопљу... Око 1926. године скрасио се у Врњачкој Бањи, а онда се заљубио у Краљевчанку Мару и занавек остао у вароши своје жене. До тада се није раздвајао само од своје птичице, од свог папагаја званог Демократија. Од тада се није раздвајао од птичице и од Маре. Деце нису имали, као да је Господ

66

проценио да им је и толика љубав у односу на оно што други људи поседују – сасвим довољна.

Мара и Руди су били чувен краљевачки пар. Она је пленила лепотом. Он – господским држањем, познавањем језика, тиме што је за разлику од овдашњих пуфтација видео света, а опет није био нимало надмен. Птичицу никада није држао у кавезу, није она снуждени кућни љубимац, то је Демократија.

– Руди, како би било да птици наденеш неко друго име? – питала је Мара. – Ово је тренутно мало незгодно, власт би могла да помисли како си против... И, да ти признам, лично мислим да тог папагаја никада нећеш научити да говори... Имаш га већ више од двадесет година, а он још ништа није рекао... Да је хтео да шукне, ваљда би се до сада наканио... Птица ћути као заливена, а и нема када да прича јер непрестано једе; како шта засејем у баштици, она кљуцне... Чудим се како и лети од толике хране. Приде, митари се, свашта непристојно ради, час овде час онде цврцне...

– Маро, о свему ти одлучујеш, имаш већинско власништво, али Демократији име не мењам... – одговарао је Руди. – Истина је да се још није огласила, али ће се чути када буде спремна, када одлучи... Има, Маро, да одјекне! Човек свашта прича, па се заборави... Међутим, ако птичица нешто каже, нека буде и једна једина реч, то ће се памтити... А слободна мора да буде, нећу ваљда Демократију да држим у кокошињцу, то баш не иде...

И она је пристајала да попусти. Није се удала за прецењену птицу, већ за човека. А тај човек, Руди Прохаска, волео је Мару на десетак и више језика. Често се дешавало да му она каже:

– Хајд', Руди, ако си расположен, на немачком.

И он је волео на атлетском немачком.

– А хајд', ако си расположен, на мађарском.

И он је волео на хрускавом мађарском.

– А може ли сада, љубави, на француском.

И он је волео на љупком француском.

– Промени сада на чешки.

И он је волео на присном чешком.

– Учини ми то и на бугарском.

И он је волео на умиљатом бугарском.

– Чекај, чекај, полако, сада преведи на турски...

И он је волео на непредвидљивом турском.

После свега су лежали наги и причали. Руди би се некада збунио, помешао би језике, али га је Мара опомињала:

– Руди, на српском, сада на српском...

И он је волео Мару на брбљивом српском језику.

То је одличан језик да се о нечему говори до миле воље, али само када је све завршено, када више ништа не може да се учини.

ХАЈД' РЕЦИ МАКАР СВОЈЕ ИМЕ

Мара и Руди су приказивали филмове. Када је обућар Лаза Јовановић пропао у хотелијерском послу, они су закупили велику салу и летњу башту хотела „Југославија". Основали су предузеће „Уранија".

Унајмили су неког лудог димничара Мушмулу да им опаје таваницу... Тај се закачио на неку петљавину конопаца и чекрка, висио је одозгоре, клатио се и клатио, свима је покидао живце... Само се чекало када ће да отпадне и да се заиста распрсне као мушмула. Ипак, сишао је жив, здрав и насмејан, гипсану представу васионе, планете и сазвежђа, довео је у ред.

Потом су закупци поставили седишта пресвучена плишом и набавили неопходну опрему. Мара је била већински власник и благајница. Руди је био мањински власник, уједно управник, као и директор репертоара, при томе и шеф технике и саветник свих наведених, уз све и кино-оператер.

Запослили су и једног момка да цепа карте и буде разводник, да са железничке станице доноси кутује са ролнама филмова и по вароши лепи плакате. Према том Симоновићу, који је у Краљево дошао богзна одакле, односили су се родитељски, уступили су му за прво време онај собичак иза биоскопа, сашили му код буљавог шнајдера Красића униформу какву генерали немају.

Краљевчани су волели да одлазе у „Уранију“. У међувремену су оснивани и затварани други биоскопи, али су посетиоци само у „Уранији“ дочекивани као на рајским вратима. Осим тога, лепа Мара и господин Руди су о филмовима причали страсно, као да су их они лично снимали, а не да су настали у далеким холивудским студијима, у Француској, у немачкој кући УФА, доцније у италијанском филмском граду Ђинећита...

Испред сале је стајао пано, велика дрвена плоча висине човека, коју је Руди Прохаска за сваки пристигли филм бојио у бело, да би исписао нови наслов и имена глумаца. Ипак, ако посетилац застане и загледне, кроз новије слојеве су се могли назрети и они старији, све што је тамо икада стајало:

„Десет заповести"   *„Потера за златом"*

Жан Габен

Ла Јана   Сибил Шмит

        Долорес дел Рио   Ме Вест

Марлена Дитрих   Дита Парло

            Клерк Гебл

        „Бен Хур"   „Црни гусар"

                „Цар Калифорније"

    „Седмо небо"   Пат и Паташон

        „Мали Цезар"   Чарли Чаплин

    Рудолф Валентино   Макс Линдер

        „Мата Хари"   *„Плави анђео"*

„Конгрес плеше"   „Ноћ после ноћи"

            Пола Негри

    „Кинг Конг"   *Грета Гарбо*

    Адолф Манжу   Луј Жуве

        „Краљица Кристина"

    „42. улица"   Ширли Темпл

    Гари Купер   „Ноћ у опери"

        „Капетан Блад" *„Ана Карењина"*

    „Дама која нестаје"   Хеди Ламар

Емил Јанингс   Ханс Мозер

            „Поштанска кола"

„Мелодије Бродвеја"   „Прохујало са вихором"

            „Дан се рађа"

И, треба ли поновити: када није љубависао са Маром и када није приказивао филмове, Руди Прохаска је учио Демократију да проговори:

– Хајде, молим те, реци макар своје име.

ОД ДЕСЕТОГ РЕДА
ЗАКЉУЧНО СА ОСАМНАЕСТИМ

Мииии...

У десетом реду су седели најугледнији посетиоци „Сутјеске". Међутим, ништа није вечито. Поготово не овде. Неписани обичај је крајем седамдесетих лагано чилео, десети ред су све чешће заузимале локалне силеције, момци с којима нико није хтео да има посла. Знали су да се бахато завале, да испруже ноге и преко суседних наслона рашире руке, као да свима недвосмилено желе да поруче како тај повлашћени ред само њима припада. Оне који не би схватили поруку, кратко су упозоравали:

— Није слободно!

Па и горе од тога. Када би дошао Крле, један од најопаснијих, могло се претпоставити да ће неко од гледалаца морати да стоји. Крле би, наиме, одабрао жртву, те је ишао за њом по сали, говорећи за свако место да је заузето. Тада већ озбиљно потиштен, разводник Симоновић се правио као да није одавде, као да ништа од тога не види. А ако би се онај прогоњени и усудио да случајно посегне за седиштем столице, Крле је леденим гласом говорио:

– Маме ми, пробаш ли само још једанпут, прснуће крв, на абрихтеру ћу да ти сечем руку.

И све се то неколико пута понављало, док невољник, начисто слуђен, не би молећиво питао:

– Добро... Али, где могу да седнем?!

Крле је тада, „спреман да учини човеку“, као пажљиво и све забринутије осматрао полупразну салу „Сутјеске“, да би беспомоћно слегнуо раменима и пресудио:

– Сажаљевам. Нигде нема места. Мораћеш, изгледа ми, да стојиш!

Завршни чин мучења одвијао се тако што је жртва могла да бира или да напусти биоскоп (што јој најчешће не би било допуштено) или да читаву пројекцију проведе стојећи са стране, премештајући се с ноге на ногу.

Крле је тако добио надимак Абрихтер. Мада је у техничком смислу то погрешно, јер је Крле мислио на машину за разрезивање дрвне грађе, која се зове циркулар. Што оном несрећнику, коме је Абрихтер претио прскањем крви и одсецањем руке, у животном смислу ништа није значило. Још су га дуго подилазили жмарци. А морао је да трпи и грубе шале. Клинци су, Крлетов подмладак, на улици, у пролазу, добацивали једно отегнуто:

– Миии...

Уједно, лагано пружајући обе руке унапред, као када се нешто гура и гура према све бржем, сада већ незаустављивом сечиву.

Не би ли избегли невоље са Абрихтером и његовим пајташима – обазривији посетиоци су заобилазили и једанаести ред. Односно, само су правници имали петљу да се сместе тамо. Јер, ако они из десетог већ нису имали посла са судством, веома добро су знали да ће им адвокат кад-тад затребати. Један од бољих, онај који је увек бранио „кривицу", као од најстрмијег брда одваљен Лазар Љ. Момировац, седео је баш тамо, у једанаестом. Бавио се само најтежим случајевима, убиствима и силовањима. Није се занимао ситним „муљањем" по предузећима, фалсификовањем бонова за топли оброк, хистеричним разводима бракова или братским, вишедеценијским натезањем око једног дуда. И био је мрачан тип, стално озбиљан, можда зато што је знао докле човек може да забразди, да догура.

Страшан је био начин на који је Лазар Љ. Момировац гледао људе, као да им је читао мисли, као да је могао да предвиди ко је способан за који злочин. Говорио је да је свако, од рођења до смрти, на издржавању условне. Једино чему се здушно смејао били су филмски журнали. Наиме, омиљени делови „Филмских новости" Лазара Љ. Момировца били су они који су се бавили испраћајима и дочецима председника.

Јосип Броз Тито је путовао као мало који светски државник, непрестано се возио на аеродром и са аеродрома, ако временски услови иоле допуштају, заваљен у лимузини са отвореним кровом, машући народу сврстаном у шпалир. Кажу да ни сам често није разликовао да ли управо одлази или се враћа (што је иначе својствено и другим државницима који од светских брига немају када да мисле на детаље свакодневног живота). Зато је у служби Протокола изабран човек од поверења, задужен да према свим доступним параметрима одреди која је од ове две радње тренутно у питању. И потом да дошапне председнику:

– Друже Тито, према нашим извештајима сада одлазите...

Или:

– Друже Тито, све анализе говоре да се сада враћате...

Тито је у већини случајева ове закључке усвајао. Али, дешавало се и да каприциозно остане при свом мишљењу. Можда зато да би повремено ставио до знања ко је овде главнокомандујући, чија се не пориче; а можда и зато да би се забавио, да би из прикрајка гледао како се потчињени муче и довијају.

Избора, тада, није било – одлазак је морао народу да буде представљен као повратак. Или обрнуто. Што уопште није једноставно. Биле су то операције које захтевају висок степен тајности, уједно ангажовање стотине људи, још један авион и ново летачко особље, другу контролу лета и другу екипу филмског журнала, нове мотоциклисте у пратњи нове колоне аутомобила и крај пута децу из других школа... Постоји и сумња да је као „резервни план“ у целости измишљена и једна држава у коју Тито по вољи може да путује или да се из ње враћа. Са читавим становништвом, језиком, одговарајућом географијом, херојском историјом, привредом у успону, живописним народним рукотворинама, егзотичним воћем и тамошњим осмехнутим председником који Тита увек пријатељски дочекује или испраћа. Овдашње најуже руководство и новинари морали су, пак, да се праве да ништа не примећују. Што је тешко само први пут, када се прогута понос. После се наш руководилац навикне, може да трпи и већа понижења. А наш новинар се распише, понесе га перо, тешко га је зауставити, Државна безбедност мора да га опомиње да мало сведе – није посета другој држави исто што и одлазак у лов на дивље свиње или мечке.

– Ave, Caesar, morituri te salútant! – знао је адвокат Момировац, на пример, штогод да узвикне на латинском, али таквим тоном да и они који у „Сутјесци“ нису знали шта изречено значи беху уверени да је то нешто веома заједљиво.

Знам име аквизитера који је трљао руке. Није ни сањао где може да „удоми класику“. Од њега су, у Државној безбедности, вирмански купили неколико примерака *Латинских цитата* Албина Вилхара (добра опрема, тврд повез, издавач Матица српска, библиотека „Корист и разонода“). Књига је имала и пантљику за обележавање, тако да се лакше могло пратити шта то „онај четник“ узвикује за време филмских журнала. Ипак, није било тог чувара поретка који би смогао храбрости да га приведе. И они су од њега, од Лазара Љ. Момировца, зазирали.

Да, сасвим супротно другу Аврамовићу, који је, у складу са левичарским уверењима, седео само на крајње левој страни свог реда, „онај четник“ се увек пркосно налазио на столици крајње десно, вазда у једанаестом.

И, други амандман, Момировац је био једини који је поштовао старог разводника Симоновића. Тврдио је да и не знамо ко је међу нама, те да он никада не би пристао да буде на његовом месту.

– А не дао драги Бог ни вама! Толико трпељив, као господин Симоновић, не бих био! Све бих вас, редом, па и себе самог, напоље истерао!

БОЉЕ ОД МЕНЕ НЕГО ЈА

Са уобичајеним закашњењем од десетак минута, увек се једва испетљавши из тешке драперије на вратима, у дванаести ред би долазила наставница музичког васпитања, чудног презимена, Невајда, и још чуднијег имена, Елодија. Смештала се ту, са десетак минута закашњења, и одатле је одлазила увек десетак минута пре завршетка филма, изнова се упетљавши у ону плишану драперију на вратима. Долазила је и одлазила тако – ко ће га знати због чега. Биће да је била стидљива. Њено појављивање пратио би тек шушањ, као када јаребица вирне кроз грм на ивици поља. Увидом у књиге општинске Матичне службе може се установити да се није удавала. Приљежно је подучавала децу хорском певању. Иако је она сама имала „скупљену дијафрагму“, па тиме и грло „заувек стегнуто тремом“. Читала је сентименталне романе, слушала је „Мелодијине“ плоче и посећивала биоскоп. Са закашњењем. Сама. То је била та Невајда Елодија. Иначе веома лепа и веома мршава. Сва као нека раскошно, обећавајуће започета, али стицајем околности никада завршена композиција. Као виолински кључ, ознака за метар и предзнак тоналитета, после чега, у партитури, нема више од двадесетак нота.

Уопште, дванаести ред као да је био намењен људима од музике. Ту је седео и неки пуначки Његомир, рокер у одустајању, силом прилика бубњар за свадбе и испратнице, који је са собом стално вукао свеску, тачније роковник ОК ССРН-а (никада се не зна шта може да му падне на памет), не би ли забележио „нове ритмове". Како није имао одговарајуће музичко образовање, ти записи су били описне природе: „Трукуту-трукуту... ксс-ксс... тутула-тутула... псс-псс!" Као да претходно није довољно, Његомир је био чувен по реченици изговореној када је слушао легендарног Кепу, бубњара групе „Смак":

– Ау, овај удара боље од мене него ја!

Мршава Невајда Елодија и пуначки Његомир су некада знали да у биоскопу, сасвим тихо, заподену разговор о филмској музици. Све су нешто кркушили:

– Енио Мориконе је...

Али, мада је Његомир свесрдно молио Невајда Елодију да остане до краја, не би ли довршили причу, она је десетак минута пре одјавне шпице ипак устајала и одлазила. Само би нешто шушнуло, као када се јаребица уплаши и нестане у грму на ивици поља.

КАПЉИЦА ТАМНОЦРВЕНОГ ВОСКА

Ех, несрећни, тринаести ред! У њега би, без страха, седао само Ото. Сматрало се да је Ото био толико несрећан да несрећни тринаести ред нема куд више да му науди. Живео је тако што су га трпели у главној шалтер-сали поште. Мувао се око пултова. Изгледао је као веома запослен. Уместо других, мање стрпљивих, чекао је у редовима да плати рачун, да преда какву молбу или захтев. Паковао је веће пошиљке „за колико можеш да даш парица“. Одевао се прилично неуредно, бријао се седмично, али његови пакети су били упаковани на нарочит, уметнички начин.

Да, то није било обично паковање. Прво одговарајућа кутија, обично од ципела или посуђа, па таман колико треба парче плавог папира, онда канап, и те руке које га везују... Колики год износ да даш за „част“, ни у породилишту нису тако пажљиво везивали пупчане врпце, ни најискусније бабице нису тако пажљиво повијале новорођенчад... А на самом крају, попут каквог младежа, попут јединственог белега, капљица тамноцрвеног, печатног воска... И закључак самог Ота:

– Чакум-пакум. Овакав пакет би и Ото волео да добије!

Дабоме, то се никада није догодило. Ото није имао никога од својте. Читав живот је уместо других чекао у редовима, читав живот је паковао и слао пакете за друге. Сматрало се да је несрећан и зато што није био баш најбистрији. Иако се он томе противио, изговарајући ч, ц, ђ и сродне гласове тамо где им није било место:

– Сви мисле Ото луд, а Ото се само чмеје, чмеје...

С друге стране, сматрало се и да је срећне руке. Ономе, уместо кога би Ото предао коверат за учешће у каквој игри, као да је следовала премија, усисивач, телевизор у боји и антена или путовање у Врњачку Бању за две особе. Али, сам Ото никада ништа није добио, слао је стотине купона, етикета, решених укрштеница или пивских затварача, никада није извукао ни утешну награду, макар транзистор са слушалицом за једно уво, белу мајицу са кратким рукавима, макар комплет штипаљки за сушење веша.

Ото није имао страх од тринаестог реда, мада је страховао од свега другог. Гледао је филмове управо онолико пута колико су и приказивани, не пропуштајући ни матинеа, али увек стављајући длан на очи ако има неких „грознијих“ сцена.

ПРИЗНАЈЕМ,
ТАДА НИСАМ ЗНАО ЊИХОВА ПРЕЗИМЕНА

Четрнаести ред. Средњошколци. Сличног годишта, али различитих интересовања.

Петронијевић. Ресавац. Станимировић.

Свак за себе. Свак обашка. Нису ишли ни у исту школу. Пољопривредна. Машинско-техничка. Гимназија. Нису се чак ни познавали.

Признајем, тада нисам знао како се зову. И нисам ни слутио да седе, слева надесно, азбучним редом којим ће њихова презимена, двадесетак година касније, бити наведена на једном списку погинулих. Као што тада нисам знао да је сваки од њих, појединачно, отишао у биоскоп не научивши исту лекцију из историје, иако су професори, у различитим школама, најавили да ће сутра питати и почети да закључују оцене.

– Ма, све знам! – вероватно је рекао Петронијевић родитељима, па се брже-боље дохватио врата.

– Не брините! Прочитаћу вечерас, када се вратим! – вероватно је Ресавац свечано обећао својима.

– Да учим историју?! Па да је заборавим до оне тамо среде?! Понедељком увек пита од почетка дневника, па докле стигне. Знате ли како је профанка спора? Не зову је џабе Стогодишњица. Нема шансе да до краја часа стигне даље од слова Д, камоли да дође до мене! – вероватно је Станимировић убедио укућане.

И тако. Редом. Сва тројица су, појединачно, стругнули у биоскоп „Сутјеску“, да гледају било какав филм, да не морају да уче досадну лекцију из историје, исто онако како ће их историја сачекати и сабрати двадесетак година касније.

САЧЕКАЈ ТИ МЕНЕ ОВДЕ

А у петнаестом је, савршено мирна, седела Тршутка. Почетком деведесетих је отишла у иностранство променивши име и презиме, па зато сада наводим само још важећи надимак. Тршутка је била права мушкарача. Није да није имала момке. Опет, није се стидела да сама оде у биоскоп. Била је непредвидљива. Не бих се зачудио да је и тог недељног поподнева 1980. године пред вратима оставила устрепталог удварача:

– Шта се облизујеш, идиоте? Овај филм желим да гледам. Јеси лепушкаст, али нећу да ми сметаш, да ме пипкаш и да ми дишеш у уво. Сачекај ти мене овде, па ћемо после да се прихватимо у мраку, под обалом, крај Ибра...

И тај би стрпљиво чекао. Шеткајући испред „Сутјеске“, слушајући непрестано убеђивање Милкинца Бабл Гама и семенкара Далипија Вебија:

– За то „после", у мраку, ево један бабл гам! Данас је у Јунајтед Стејтс и уопште у цивилизованом свету најважнија свежина! То је први утисак!

– Море, каква жвака, немој улудо да се трошиш... Узми ти, синак, фишек кикирикија. Ево, чика Далипи ти поклања, има да видиш како ти навире снагица!

И тај би стрпљиво чекао. Шта су два сата дрежђања, подсмех двојице продаваца и свих који су туда пролазили, према макар пет сласних минута у Тршуткином друштву. У животу су каткада неопходне и веће жртве.

Тршутка је била непредвидљива, па је и уживала да спаја неспојиво. Нарочито у облачењу. Поткрала би сопствену баку (са којом је, без родитеља, и живела), узела би њен солидно очуван девојачки шеширић („нуларица" филц, бордо гро-грен трака, ваљана предратна београдска производња, салон „Париска филијала"), узела би њене рукавице за дан (дуге, окер, сомотске рукавице, чији се крај, украшен штеповима, звонасто ширио), па би још додала и једину преосталу бакину огрлицу (рад златаре „М. Т. Стефановић", сребро, позлата и крвавоцрвени хематит). Остало на њој било је из „Бека" (конфекција од домаћег тексаса). Ипак, иако овде, у овом опису, има неспојивих одевних предмета, на Тршутки је све то стајало таман како треба.

Једном је Крле Абрихтер вежбао суровост на Тршутки, она је била та којој није допуштао да било где седне и којој је припретио:

– Маме ми, мала, пробаш ли само још једанпут да спустиш то седиште, овамо ћу да довучем машину и да ти одсечем обе руке!

Међутим, Тршутка је скинула своју, односно бакину рукавицу за дан, хукнула је у длан и хладно одговорила:

– Ма немој? Па онда, морам одмах да ти опичим шамарчину!

Крле Абрихтер је поцрвенео, искезио се, па се уозбиљио, да би за корак устукнуо:

– Шта ти је, бре?! Која си ти лујка?! Маме ми, само сам се шалио! Где је онај матори разводник Симоновић да избаци ову клинку?!

ЉУДСКА ПОТРЕБА

Тршутка је била у петнаестом, а пристојан свет је избегавао да седи у шеснаестом и седамнаестом реду. Због осамнаестог. Тамо би се увек сместило неколико парова забављених љубакањем. Ћирићева и Ускоковић, неки морнарички питомац на обуци у оближњој ауто-јединици. Фазан и Христина. Цаца Капетанка и Цицан.

Знатно старији Чекањац је био сам, односно није био у пару. Седео је у осамнаестом, зато што је волео да гледа и да ослушкује како се млађи љубакају. Као бајаги се нешто стално вртео, извиривао је лево и десно, намештао се и чешкао, поправљао је раздељак, сагињао се да веже пертле, а заправо се трудио да види шта парови раде.

Уопште, Чекањац је обожавао да гледа шта други имају и чиме се баве. Од детињства није било тог поклопца шерпе који он није подигао, комшијског писма или рачуна инкасанта за струју које није

штапићем од сладоледа ишчачкао из поштанског сан-
дучета и до краја прочитао, касније ни туђег новчаника
у који није завирио на каси продавнице или на шалтеру
банке, а новине је, чак и када је имао своје, читао ис-
кључиво тако што се другима надносио преко рамена.

Међутим, мало је познато да је његово основно ин-
тересовање одредио догађај који се збио 1954. године,
када је похађао други разред гимназије – на вратима
учионице се појавила нова професорка географије,
црнка зрелих година, заобљена свуда где жена треба
да буде. Говорило се да је имала моћног супруга у Бео-
граду. Да је тај пронашао другу, млађу жену. И онда, не
само да је отерао прву, већ је и преко Министарства
просвете уредио да она добије премештај у Краљево.
Једноставно, није желео више ни да је сретне, могло
му се, па је то и учинио. У сваком случају, нова профе-
сорка географије јесте сигурно дошла из престонице,
облачила се и смејала слободније, још није честито
прозборила са овдашњим преозбиљним колегиница-
ма, а оне са њом већ нису хтеле да говоре. Можда су
тај премештај и та усамљеност у малој вароши има-
ли за последицу да на часовима ради нешто необич-
но – да учестало испушта оловку из руке. И да седи
„непажљиво“ у тренутку када се неки ученик услужно
сагне да оловку подигне. Можда спрва то и није било
смишљено, сукња се случајно повукла и обнажила
њена колена... Али је извесно, видевши црвенило на
дечачком лицу, наставила то да ради намерно. Учени-
ци су се утркивали у подизању њеног писаћег прибо-
ра, сви су желели да седе у првим клупама, јер су ода-
тле имали боље „стартне“ позиције. А њу је неки ђаво
терао да намерно испушта оловку испод катедре и

све „непажљивије“ седи – сукња се полако повлачила изнад колена, па до доњег дела бутина, па до горњег дела најлон чарапа, па до жабица које држе чарапе, па до оног дела где се беласала гола кожа... До самог краја ипак није ишла, али је почела да води рачуна да сви буду равноправно заступљени. Прозивала је:

– А данас ће ми Чекањац дохватати оловку!

А када би се Чекањац придигао, сваки пут црвен до ушију, она се изазовно смејала:

– Хвала ти, Чекањац, баш си срце, запамтићу ти ово!

Неко је написао пријаву. Професорка географије је добила премештај у још удаљенију варош, неку паланку, увек има и од мањег мање. Нема сумње, сви дечаци су је запамтили, али је Чекањца то одредило. Да завири, па докле се може...

Чекањца су спрва терали из „Сутјеске“, али како је он због своје „људске потребе“ био упоран, сви су се навикли на његово присуство. Истина, једном је у станици милиције добио батине, јер је пријављен да „воајерише“, мада је он тврдио да је „нетремице гледао само филм“. Ипак, како инспектору није успео да преприча ништа од сижеа, овај га је добро измлатио. Зато је Чекањац, после непријатног искуства, сваку пројекцију гледао неколико пута. У првом наврату је пратио само радњу, заиста нетремице, никада се не зна, ако буде морао да препричава, а надаље је гледуцкао зна се већ шта.

Овом приликом: Ћирићеву и Ускоковића, морнаричког питомца; Фазана и Христину; Цацу Капетанку и Цицана.

И, опет, изнова, тим редом, само нешто детаљније.

СИДРО УШУШКАНО У ГНЕЗДО ОД ЛОВОРА И МАСЛИНОВИХ ГРАНЧИЦА

Ћирићева је била из угледне куће, лекарске. Њени су и сами били деца лекара, студенти генерације, најбољи специјализанти, заједно су написали и запажен научни рад... А она је волела бело. Што беље – боље. То би му било нешто као породични обичај. Па се под утицајем традиције, начисто обневидела од белине, заљубила у тог Ускоковића. Ратна морнарица је овамо слала будуће официре на ауто-обуку. Дабоме, Ускоковић је био утегнут у беспрекорно белу униформу. Седео је као да има мотку у леђима, левом је, на колену (прописно, по правилу службе, не скидајући беле рукавице), држао белу шапку са извезеним сидром ушушканим у гнездо од ловора и маслинових гранчица. А десну је знао да „дубоко усидри“ између откопчаних дугмади, у такође белу, свилену блузу Ћирићеве. Она је уздисала, сва се нешто затезала, сваки њен делић је био као пренапрегнут, некако чудно се нагињала... Попут лађе којој налет олује час грубо прибија бокове уз пристаниште, час бесно покушава да покида све њене стеге и да је одвуче непојамно далеко, на непрегледну пучину.

Ћирићева је тако бурно уздисала, пуцкали су шавови на њеним свиленим блузама, па су летела и дугмад... (Само је Чекањац, током њихових биоскопских „пловидби“, кришом сакупио чак двадесет два.) А онда, за затишја, Ћирићева је неутешно плакала, преклињала, чак и хистерично претила да ће се утопити у првој реци ако Ускоковић намерно не погреши на тестовима или на полигону, не би ли се што дуже задржао у нашем граду, на обуци у ауто-јединици.

Као и сваком мушкарцу, Ускоковићу је све то пријало. А није му падало на памет да због Ћирићеве жртвује „Б" категорију за управљање возилима, осим мотоцикла, чија највећа маса не прелази 3.500 кг и чији број седишта, не рачунајући седиште возача, не прелази осам. Жена је жена. Али, возачка дозвола је возачка дозвола. Мушкарце не би требало доводити у ситуацију да доносе тако тешке одлуке.

КО СЕ ДРЖИ ЗАХВАЉУЈУЋИ КОМЕ

Фазан и Христина су били пар од завршног разреда основне школе. Фазан је сматран за правог „антихриста", није било лудорије коју он није био спреман да изведе. А Христина, она је била ћерка једног веома побожног човека који је водио финансијске књиге овдашње Жичке епархије. Земља и небо, рекло би се. И прилично магловит спој. Негде у даљини, на самој ивици свакодневног хоризонта. Баш као земља и небо – није се могло одредити ко се држи захваљујући коме.

КОПНЕНЕ ЈЕДИНИЦЕ СУ СИЛЕСИЈА

Цаца Капетанка је, међутим, била она која се „професионално оријентисала" ка војсци. За нето надокнаду изражену у немачким маркама или америчким доларима, у динарској противвредности, тј. важећој домаћој валути, по званичном средњем курсу Народне банке Социјалистичке Федеративне Републике Југославије, а на дан склапања усменог уговора о раду. Са варијабилом која је обрачунавана према олакшавајућим или отежавајућим околностима:

— 50 % попуста за оне који јој донесу и најскромнији букет цвећа или се појаве са њом на јавном месту, на шеталишту, у ресторану, било где;

— 40 % попуста за управо регрутоване, то су нове генерације, треба мислити на будућност земље;

— 30 % попуста за оне који би два пута;

— 20 % попуста за ниже официре, воднике и заставнике, њима је плата мања него вишим официрима;

— 10 % попуста за потпоручнике и друге више чинове, њима је плата већа, али доносе углед у друштву;

— пуна цена за оне који ништа не би да раде, већ би после само да се хвале;

— 10 % више за оне који ништа не би да раде, већ само воле да причају;

— 20 % више за оне чија прича није занимљива, а ако је баш занимљива, онда је пуна цена правична надокнада;

— 30 % више за оне који не само да причају, већ и пишу роман, збирку песама и сл.;

— 40 % више за оне који би да јој и читају то што су написали: што је много, много је;

— 50 % више за оне који усменим или писменим путем оговарају сопствену жену, надређеног официра, друге писце, државу која их је школовала, запослила, дала им солидно социјално и здравствено осигурање...

Плаћање авансно. Готовински. Новчанице морају да буду мало коришћене. Без чекова. Без вересије. Ништа на „лепе очи". Али, мимо свега, сто посто гратис за једног лудог капетана прве класе, врхунац њене каријере, по којем је и добила нешто између чина и надимка.

Цаца Капетанка је била љубоморна на Ћирићеву из лекарске куће. Сматрала је да јој ова отима муштерије:

– Е, докле бих ја догурала да сам из такве породице!

Па је знала и да изложи сопствено виђење војне доктрине:

– Пих, морнарица! И нису нешто. Више им је стало до оне избељене униформе него до праве женске. Не смеју ни колена на панталонама да испрљају. Копнене јединице залежу у р촻ове, ваљају се по свакаквом времену, залазе иза непријатељских линија, заузимају бункере, не нишане читаву вечност, у живо месо погађају без грешчице... Ваљда ја знам! Копнене јединице су силесија! Оне су ударна снага једне армије! Морнаричари су обични манекени... Прави војник је прашинар, пешадинац!

Цицан, онај до ње, био је, пак, нешто слично своднику, посредовао је између Цаце и „корисника". Или, како је то она од миља, персирајући говорила:

– Ви сте моје цивилно лице на службовању код ЈНА.

Цицан је као такав имао и све бенефиције, укључујући и део „теренске дневнице" после сваке Цацине „тактичке вежбе". Иначе, Цицан је волео да се лепо носи, то јест: веома је полагао на одевање, на скупа одела и још скупље ципеле, на печатни прстен и сат са металном „хармоника" наруквицом, на марамицу у зацепку и облачак колоњске воде – по цео дан се шеткао по граду, процењујући какав утисак оставља на пролазнике.

Било је нечега вишег у томе. Када водиш живот какав је водила Цаца Капетанка, онда ваљда има разлога да нађеш било кога ко зависи и од тебе. Па нека кошта колико кошта. Јебеш скупо одело, ципеле, прстен, сат, марамицу и бочицу колоњске воде. То је ништа у односу на сазнање да и од твог горег има још горе.

ЈОШ ЈЕДАН ЧОВЕК
И ЈОШ НЕКИ ЉУДИ

ЈОШ ЈЕДАН ЧОВЕК

Осамнаести ред је био последњи. Па, ипак, иза њега је постојао још један човек који се макар делимично могао рачунати у публику – Швабић, кино-оператер. И он је пратио филм, истина, кроз један од прозорчића из собичка са апаратуром. Кажу да је Швабић још од осамнаесте, дакле последње тридесет две године, изгледао као пред пензију. Био је невиђено спор. Увек се чинило као да је некуд одавно пошао, али стицајем околности још није кренуо. Осим када би се запутио да очијука са Славицом, благајницом биоскопа „Сутјеска“. Највећи део времена у току пројекције проводио је са њом. Испијајући преслађене кафице, „убадајући жељице“ и заједно преврћући окрњене шољице. Филмове је гледао ту и тамо. Тридесетак метара од прве ролне, педесет од друге, па и стотинак метара, ако се баш занесе, од треће...

Међутим, чак и тако, Швабић је веома добро познавао седму уметност. Наизуст је могао да понови, до последњег, најситније исписаног имена, хиљаде одјавних шпица. Говорио је да режисери и нису баш најважнији приликом снимања филма. Да би још убедљивије додавао:

– Монтирање је битније!

Због тога је, као и зато што је умео да помеша редослед ролни, добио надимак Шваба Монтажа. Он се није љутио. Чак кажу да је од „Авала-филма“ набавио расходовани монтажерски сто. Говорило се да је код куће, за своју душу (уз маказе и пинцету, ацетон и селотејп пресу, зглобну лупу и крпицу за брисање траке, чиновничке навлаке за подлактице и памучне рукавице, те „галге“ о које се каче кадрови), вртећи се на столици са точкићима, даноноћно сецкајући и спајајући одбачене сличице, а богами и немилосрдно „ампутиране“ читаве делове разноразних филмова – правио сопствено, дугометражно, осмочасовно остварење, какво свет још није видео. Тако се барем говорило, а званично, због Швабе Монтаже, у „Сутјесци“ је расходовано више копија филмова него у читавој биоскопској мрежи Србије. О чему сведоче „Листе отписаних средстава“. Дистрибутери су очајавали. Свака ролна која би отишла у Швабићеве руке – враћала се краћа, макар за пет-шест метара. Он се, пак, пред пописном комисијом бранио:

– Па?! Шта се тиме подвлачи?! Тај растур се зове кало! Предвиђен губитак! Ако га има у другим професијама, ако се признаје месарима, ваљда се може очекивати и у овом послу?!

Мора се имати на уму да је Швабићева пасија изискивала велико стрпљење. Но, како је већ речено, он никада никуд није журио. Рачунао је да све може да оконча до пензије. Што би износило да за минут филма има на располагању око месец дана рада. Односно, један дан за два секунда приказања. Другачије изражено, за један дан је морао да монтира, у просеку, четрдесет осам сличица.

Ни мало, ни много. Али, пуко сецкање или лепљење није било све. Ваљало је и вешто упасовати кадрове разнородних филмова. За то је била потребна систематичност. Швабић је читаву родитељску кућу томе подредио. Спрва само поткровље, а када су му отац и мати умрли, до последњег часа згранути синовљевим животним интересовањем, проширио се не само у њихову спаваћу собу већ и у дневни боравак и кујну. Морао је да зна где му шта стоји. Можда зато никада није запросио благајницу Славицу.

Која би то жена трпела стотине и стотине малих и великих тегли од зимнице, при чему је свака имала етикету у другој боји, већ према жанру филмова којима су кадрови изворно припадали: црна – историјски спектакли; сива – филмови катастрофе; маслинаста – ратне епопеје; плава – драме; наранџаста – комедије; црвена – љубавни; жута – мека порнографија...

Која би то жена трпела да читавог живота прескаче стотине и стотине тегли са разнобојним етикетама, при чему је свака имала и посебан натпис, већ према врсти сцена које су се у њој налазиле: „изласци и заласци сунца, можда раздвојити“, „беба пружа ручице“, „јахање, коњска копита“, „узњихане крошње, недостају тополе“, „гомилање облака“, „птице ниско лете пред кишу“, „увирање воде у сливнике, крупно“, „краћи пољупци“, „дужи пољупци“, „природни осмеси“, „лица, средњи планови“, „жена се буди и протеже“, „доњи ракурси мостова“, „балови“, „параде“,

„слетови“, „просектуре“, „сахране“, „протицање времена: разни јунаци гледају на разне ручне сатове“, „јунак потеже револвер марке ’Смит-Весон’“, „јунак потеже колтов модел револвера ’миротворац’“, „домаћа мува трља ножице“, „голубови излећу из звоника, две варијанте, католичка и православна“, „аеро-панораме познатих градова“, „ветар надима беле јастучнице и чаршаве на жици за сушење веша“, „реч ’крај’ на неколико језика“, „сенке на зидовима: само профили“, „сенке на зидовима: све осим профила“, „степенице“, „дечија колица“, „предњи точак бицикла се убрзано окреће“, „светионици“, „долазак брода“, „пролазак брода“, „бродови у боци“...

Која би то жена трпела да се читавог живота заплиће у туђе, свуда расуте целулоидне локне, па и праве плетенице ролни разноразних филмова?

На крају крајева, ни Швабић не би могао да трпи жену која би, у жељи да све то среди, засигурно све и помешала. Овако, знао је где му шта стоји. Када би нешто дошло на ред, тачно је знао коју теглу треба да отвори.

БЕЗ ОНИХ КОЈИ НИСУ ДОШЛИ – ТЕХНИКОЛОР

И то би било то. Око тридесет посетилаца. Штета што неки нису дошли. Онда би се могло и о њима нешто рећи. Примера ради, о чика Божи Цугеру, учеснику Другог светског рата, носиоцу Споменице 1941. године и још неколико високих војних одликовања. Који је нервирао друге бивше партизане зато што није хтео да се сели из свог скромног стана у приземљу, онако како су се други селили из већег стана у још већи, а у Београду из превеликог стана у какву вилу одузету од буржуја... И који је, онако трбат, нервирао некадашње саборце зато што се на јавним местима појављивао недолично одевен – ако иоле отопли, свуда је ишао само у трегер-мајици... И који је додатно нервирао ту одскорашњу господу јер се није устручавао да придигне мајицу и гурне кажипрст у пупак да се почеше, а неки пут и да ишчачка смотак машине што се тамо скупила, па је још и љубопитљиво разгледа као да је пронашао основну космичку честицу... И којег су изнервирали његови уфињени ратни другови када је последњи пут био у биоскопу „Сутјеска“ – на премијери партизанског филма о битки у којој је и сам учествовао... Када је чика Божо Цугер или дубоко уздисао или прегласно цоктао, док није устао из десетог реда и рекао:

– Да нисте претерали?! Ја ову лагарију не могу више да поднесем, одох на пецање!

– Чекај, друже Цугер... – рекао му је један други учесник рата. – Сећаш ли се када смо кренули у борбу прса у прса са Немцима...

– Ја се, друшкане, сећам – одговорио је чика Божо. – А теби су причали, јер си био позадинац, цео рат си провео крај казана, никада ми ниси оставио ни опуту од сланине. Као што рекох, одох на пецање, рибице умеју тако лепо да ћуте, а ви слободно наставите да се хвалите у техниколору!

Збиља, штета што неки нису дошли. Онда би се могло и о њима нешто рећи. Примера ради, о жалосном кројачу Марку и лудој Деси. Жалосни кројач Марко је увек био озбиљан, усне је држао чврсто стиснуте чак и када међу њима није имао десетине шпенадли или зихернадли. Зато се његова жена, луда Деса, смејала за обоје. Без нарочитог разлога, када јој дође. Што је жалосног кројача Марка чинило још жалоснијим, па је мршавио и мршавио, док је Деса била све дебља и дебља, на крају толико дебела да се отежано кретала и није више могла да долази у „Сутјеску". Па је то имало за последицу да кројач Марко одахне, јер је тако Десин смех остајао у кругу породице. Иначе, Деса би се сигурно смејала и у току ове пројекције у недељно поподне 1980. године, све док други не би почели да се окрећу и да је ућуткују:

– Псст! Псст!

А жалосни кројач Марко би вероватно прошапутао:

– Немој, Десо, више... Немој, молим те... Ово је жалостан филм...

Што би Десу сигурно натерало да прсне у још јачи смех:

– Зато се и смејем, хо-хо-хо... Да ми буде, хе-хе, лакше...

Штета што није дошла и теткица која се бринула о сутеренском, јавном тоалету у склопу оближњег хотела „Турист". Штета што није дошла и та вечито прехлађена женица, у испраном радном мантилу и похабаним боросанама. Неприкосновена владарка подземног света обложеног искрзаним белим керамичким плочицама, осветљеног вазда жмиркавим неонским цевима, господарица правог лавиринта одводних и доводних цеви, санитарија које су у квару и које једва раде, боца хлороводоничне киселине, катакомби мушких и женских кабина, свуда истакнутих натписа, од којих је неке, мање пристојне, цензурисала:

„Мокар под! Пази да се не оклизнеш!"

ЦЕВИ! Чувај главу!

ОСТАВИ ИЗА СЕБЕ РЕД!

ОВО ЈЕ МЕСТО ЗА ВАШУ РЕКЛАМУ

Не шкрабај по зидовима и вратима!

Неки су је звали, „по француски љупко" – Мадам Пипи. Неки други, грубо се шалећи – Сунцокрет. Јер није било муштерије која би доле зашла а да је она не би испратила погледом озареног израза лица. Можда зато што види ново људско биће. Можда зато што ће у њено чанче канути нова кованица.

Мадам Пипи није много причала, и то што је говорила било је само стога да касније не би било неспоразума. Мушкарцима се обраћала:

– Душо, и прање руку се плаћа!

А муштеријама женског пола:

– Душо, и огледање се плаћа!

Обе реченице је пратио исти покрет – теткица би продрмала чанче са ситнином. Прехлађен глас и звека новца, у том лавиринту тоалета – множили су се у сабласни ехо... Прехлађен глас... звека новца... и у подне емисија „Стање водостаја на рекама“, на неколико језика, пошто је њен транзистор у сутерену могао да ухвати само Први програм Радио-Београда.

Колико памтим, само једанпут је рекла нешто мимо уобичајеног. На нечије питање како је све те године издржала доле, она се зачудила:

– А што, душо?! Па и ово је део човечанства!

БЕЗ ОНИХ КОЈИ НИСУ ДОШЛИ – ЗАСТАВА

Штета што није дошао и човек којем нисам знао име, а често сам га виђао на једној тераси. Појављивао се увек у доколеницама и бадемантилу, увек са мрежицом за косу... Ако се мало наднесе, могао је да дохвати држач за заставу. Па је његово било да о празницима и нарочитим данима истакне тробојницу са петокраком Социјалистичке Федеративне Републике Југославије. С поносом, јер је кућни савет зграде лично њему поверио тај одговорни задатак.

Или он није дошао у „Сутјеску“ зато што је предосетио да ће се догодити нешто веома важно, да ће држави бити потребнији код своје куће?

БЕЗ ОНИХ КОЈИ СУ УЛАЗИЛИ НА ДЕСЕТАК МИНУТА

То би, дакле, било то. Тридесетак посетилаца. Укупно. Не рачунам оне што су улазили на десетак минута...

Попут Цалета, превозника свега кабастог ручним колицима, који би у биоскоп ступао само да се склони од кише или да одмори натечене ноге.

Или попут куварица из ближе кухиње предратног хотела „Југославија“, чије је приземље претворено у мензу, лепше речено у „линијски“ ресторан са самопослуживањем. Знале су овамо да дођу под окриљем сумрака, у паузама припремања вечерњих оброка, док се нешто бари, динста или крчка. Ушле би у белим кецељама и са белим повезачама на глави, по две или три, човек би на оном пригушеном светлу помислио да су у „Сутјеску“ свратиле медицинске сестре, право са годишње показне вежбе пружања прве помоћи у случају авионског напада агресора. Зацело би помислио тако, да вечито уморне жене нису мирисале на пасуљ са коленицама, на одличан сложенац од слатког купуса, на лук који се за српску папазјанију пирјани до боје ћилибара, на пилећи червиш, на сиротињску јанијицу... ко би више набрајао те дивоте...

Али, оне се нису рачунале, оне нису биле стална публика. Седеле би ту највише четврт часа, отплакавши на неку нежну, љубавну сцену... Иначе се веровало да их је Швабић обавештавао када је та „шпиц“ сцена на реду, јер како би другачије могле у минут да погоде када треба да дођу. А веровало се и да их је Швабић о „најбољим“ деловима филмова информисао у циљу размене добара, јер су му оне, из кухиње, када шта потроше, стално дотурале празне, већ опране тегле — од краставчића, цвекле, компота, пекмеза и сличног — тако неопходне за уредну класификацију кадрова његовог животног остварења. У сваком случају, кухварице би ту седеле највише четврт часа, отплакале би на неку нежну, љубавну сцену, а онда би једна од њих, белом кухињском крпом, отрла залудне сузе, те успанично нанизала:

— Жене, доста је шмрцања. Враћајмо се на посао. Нисмо ми доконе, ваља радити... Загореће! Ко ће после то да једе... Устајмо!

А на самом излазу, знале су и да захвале старом разводнику Симоновићу, увек би га позвале да им узврати посетом:

— Слободно навратите. Па то је само неколико корака. Дођите још вечерас, на крају смене. Направићемо банкет. Ако сте љубитељ, сложићемо савијачу, прсте да полижете...

— Не могу... Не знам да ли ћу да стигнем... — потиштено је одговарао Симоновић. — Можда тако не изгледа, али овде имам много посла. Знате ли шта све остаје иза људи, шта све треба из почетка, поново уредити.

Додуше, тог поподнева 1980. године овакав или сличан сусрет није био могућ. Прво, била је недеља и „линијски" ресторан у бившем хотелу „Југославија" није радио. Друго, Симоновић није био на свом радном месту, крај биоскопских врата, већ је седео у летњој башти, у свом назовиврту, забављен разговором са птичицом која му је слетела на раме. Мада, можда, реч „разговор" није одговарајућа. Причао је само разводник, учио је папагаја да проговори. Господин Руди Прохаска је давно, на самрти, заветовао Симоновића да научи Демократију да нешто, било шта, изусти:

– Обећај ми да нећеш одустати. Биће довољно да из ње извучеш једну једину реч. Видећеш, после ће све ићи као само од себе... Обећај да нећеш одустати...

И Симоновић се заветовао, узео је папагаја и ставио га у џеп кошуље. Онако како га је и сам господин Руди годинама носио, о чему сведоче извештаји које је доушник, конспиративног имена Невидљиви, слао у престоницу, у Министарство унутрашњих дела. Једна од тих депеша гласи:

Поверљиво. 14. 4. 1939.

Као што сам Вас и раније у више наврата детаљно обавештавао: у краљевачкој вароши постоји кино-оператер Руди Прохаска, пореклом Чех, угледан грађанин, борио се на нашој страни у Првом рату, али склон да прави алузије на политичко уређење путем птице која припада врсти папагаја. Споменути је птици наденуо име Демократија и тврди да ће је научити да проговори. Мало ми је непријатно да употребљавам непристојне речи, али цео случај прераста у варошку завитланцију. Раније спомињани кино-оператер се креће по краљевачким крчмама са птицом у џепу сакоа и провоцира. Цитирам разговор којем сам лично присуствовао у кафани „Занатлиска касина". (У заградама су уписане моје опаске.)

РУДИ ПРОХАСКА: (Љубазно, уз наклон.) *Пријатно желим, господине Панто.*

ПАНТА МАЈСТОР ЗА РУЧАК: (Између два залогаја, подиже сервијету из крила, тапка усне.) *Хвала, господине Руди.*

РУДИ ПРОХАСКА: (Љубазно и ништа мање радознало.) *Какве су данас сармице од зеља?*

ПАНТА МАЈСТОР ЗА РУЧАК: (Тешко се разуме, јер стално има нешто у устима, али сам ипак реконструисао.) *Одличне!*

РУДИ ПРОХАСКА: (Седа за сто, позива конобара.) *Онда и мени исто!* (Потом се обраћа Панти.) *Мару данас боли глава, па хоћу да је поштедим кувања.* (Споменута је супруга споменутог.)

ПАНТА МАЈСТОР ЗА РУЧАК: (Подиже главу из тањира, фиксира погледом птицу у џепу сакоа споменутог.) *Рече ли нешто птица, господине Руди?*

РУДИ ПРОХАСКА: (Уз осмех.) *Чуће се, господине Панто. Само што није, само што није!* (Два пута је поновио исто, при чему је други пут погледао у мене.)

ПАНТА МАЈСТОР ЗА РУЧАК: (И даље фиксира погледом птицу у џепу сакоа споменутог.) *Све нешто хоћу да вас питам, господине Руди... Је ли та птица јестива? Мислим, ако не проговори, може ли од ње да буде каква чорбица?*

РУДИ ПРОХАСКА: (Уопште не гледа у Панту, већ у мене.) *Забога, господине Панто, ова је птица ретка, нарочитог имена...* (Обраћа се птичици у џепу сакоа.) *Хајде, реци чика Невидљивом како се зовеш...*

ЈА: (Не допуштам да ме испровоцира. Ћутим и чекам свој тренутак.)

Као што се из приложеног може закључити, читав случај се отео контроли. Шта да радим? Чекам упутства. Уједно молим да ми се одобре додатна средства у циљу бољег прерушавања. У овом оделу ме зна цела чаршија.

У очекивању Вашег одговора, примите још једаред моје изразе најдубљег поштовања,

---

НЕВИДЉИВИ И ЂОРО

Одговор је, шест месеци касније, средином октобра, искорачио из вагона друге класе путничког воза управо доспелог из Београда. Имао је стотинак килограма. Био је смеђокос, средње висине, јаке вилице... Падала је киша. Цедило се. Путник је прикопчао кабаницу, осврнуо се лево-десно. Поред свих који су стајали на перону и у вестибилу краљевачке железничке станице, кренуо је право према овдашњем доушнику. Није пружио руку:

– Ти мора да си Невидљиви. Ја сам Ђоро.

Било је очигледно зашто га тако зову, носио је наочаре са стаклом дебелим као прст. Невидљиви се зачудио:

– Како сте ме препознали?

– Немам времена за причу, сви ви само тужакате и тужакате, а ја морам да радим... Имам, бре, посла преко главе, уморан сам као пас. Води ме код тог твог са папагајем... Мада, ако баш желиш да знаш, изгледаш убедљиво најпотуљеније – рекао је Ђоро с презиром.

Невидљивом није било мило. Увредио се. Ипак, решио је да се понаша професионално, раширио је кишобран, показао је ка центру вароши:

– Овуда, молим.

– Макни тај кишобран, истераћеш ми око. Ја сам, бре, човек, не топим се на киши! – обрецнуо се Ђоро.

Надаље су ишли ћутке. Одасвуд је добовало...

Господин Прохаска само што је завршавао писмо које је у име биоскопа „Уранија“ намеравао да пошаље једном филмском студију у Холивуду. Таман је дошао до дела где моли за фотографију са потписом Марлен Дитрих „...јер би то овдашњим обожаваоцима много значило...“ – када је Ђоро ушао у собичак са кино-апаратуром. Сада се није представио, само је скинуо наочаре и почео да бије. Насумице. Да је нешто видео, можда би му било и жао, можда би гледао да Рудија Прохаску не удара у бубреге и ниже појаса, овако је само замахивао песницама, а када је Чех пао, наставио је да га ногама шутира у слабине. Ослањао се искључиво на слух, проценивши да је при крају када је чуо како су пребијена ребра крцнула, закључивши да је доста тек када више није чуо јауке већ тихо јечање. Тек тада је вратио наочаре на нос, опрао је руке у лавабоу у углу просторије, али човека на поду, у локви крви, није ни погледао. Изашао је и вратио се у Београд првим возом.

Пратећи га на станицу, Невидљиви није смогао храбрости да пита шта је с његовим захтевом да му се одобре додатна средства у циљу прерушавања. Руку на срце, лакнуло му је када је Ђоро отишао. Непријатан човек, закључио је. Воз је већ кретао када је Ђоро отворио прозор у ходнику и довикнуо:

– Еј... Знаш ли шта ја мислим о таквима као што си ти?

Невидљиви је стајао на перону, под кишобраном. Ако каже да не зна, поставиће се питање да ли је способан да обавља посао доушника, који по природи заната треба баш све да зна. Зато је и прогутао пљувачку, као да гута понос, па је гадљиво одговорио:

– Знам, ја сам...

Срећом, локомотива је продорно писнула, последња реч се није чула, могла је само да се прочита са усана Невидљивог. Киша је и даље падала.

ШТА НАЈВИШЕ БОЛИ

И Мара је плакала као киша. Није било Рудијевог дела тела који није пустио крв или сукрвицу, који није био под убојима или отоцима. Мара је кршила прсте и непрестано понављала:

– Црни Руди, говорила сам, доћи ће ти птица главе... Црни Руди, говорила сам, доћи ће ти птица главе...

Господин Руди Прохаска је нешто рекао, али се то није разумело, јер му је Ћоро избио три зуба, доња усна му је била поплавела и изобличена. При свему, умокрио се, почео је махнито да одмахује главом када је Мара наложила младом разводнику да одмах позове лекара. Било га је срамота. Мара је морала да отрчи кући по чист веш, да га пресвуче, па да тек онда Симоновића пошаље по доктора.

– Преломи су преломи, све ћемо то да наместимо, све ће то да срасте, само се надам да немате унутрашња крварења... Можете ли јаче да удахнете? Ау, господине Руди, тај баш није гледао где удара! Добро је да сте живи... – мрмљао је доктор Карајовић.

– Црни Руди, говорила сам, доћи ће ти птица главе... – понављала је Мара.

Симоновић је ћутао, покушавао је да не додаје на општу кукњаву, приносио је лед и облоге, гледао је да разазна шта то газда говори. Ипак, и Мара и он су разумели све тек кроз три дана, када је Прохаска успео разговетније да састави:

– Знате шта ме највише боли? То... То што је, чим је све почело, Демократија излетела кроз прозорчић, право у салу за приказивање... Дабоме, нисам очекивао да ме она брани, ипак је то само птичица, али тако отићи, одлетети... Само је прхнула...

– Руди, не спомињи ми тог... тог... папагаја! – подигла је кажипрст Мара. – Хајде, реци да ме волиш...

Међутим, господин Руди Прохаска је на српском могао само да псује. И то је потрајало све док се није колико-толико опоравио. Око три месеца. Тек тада, када се придигао из постеље, тек тада је могао да каже и штогод друго.

Некако у исто време, ко зна одакле, папагај се појавио. Једноставно је долетео и као да се ништа није догодило – слетео је на Рудијево раме. Жмиркао је очицама. Протезао је крилца... Бол је већ био уминуо, сећања су избледела и господин Прохаска је рекао:

– Па, где си ти, побегуљо моја? Хајде реци нешто... Хајд' реци макар како се зовеш...

ПРОШЛО ЈЕ ОНО НАЈСТРАШНИЈЕ

ПРОЈЕКЦИЈА

Пројекција је увелико одмакла. У иначе крцкав тон филма уметало се свашта.

Бунцање и мљацкање заспалог Бода.

Панично Гагијево:

– Шта кажу? Драгане, брате, не прескачи редове, шта сада кажу?

Драганово полугласно, све слободније, све понесеније, тумачење дијалога. Па због тога и згражавање строгог господина Ђорђевића.

Шушкање омотима, праскање надуваних балона жвака, грицкање семенки сунцокрета и пљуцкање љуспица на све стране, што су чинили мангупчићи које су тако, једногласно, као Ж. и З., звали чак и њихови родитељи.

– Маме ми, прснуће крв, оној будали има да одсечем шаку! – чула се језива претња Крлета Абрихтера, када би се рука друга Аврамовића из првог реда нашла у дну кадра.

– Honóres mutant mores, sed raro in melióres! – или већ нешто слично, смрмљано на латинском, мрачног кривичара Лазара Љ. Момировца.

Све брже, све уздуваније опонашање ритма пуначког Његомира, не би ли га запазила она мршавица Невајда Елодија:

– Струкуту-струкуту... тутула-тутула... ксс-псс!

Уздисање, ко зна чиме уплашеног Ота.

Ћућорење заљубљених и посебно отегнуто грцање Ћирићеве:

– Ооо, тонем, тонем, не могу више да издржим!

Циничан коментар Цаце Капетанке:

– Слаб ти је газ, сестро!

Шкрипутање расушених столица... Љуспање старог малтера са некада лепе штукатуре на таваници биоскопа...

Да. Доста је било о људима. Изнад свих нас налазила се та предивна штукатура. Симболичка представа онолике васионе. Са Сунцем постављеним тачно у средиште, разгорелих, стилизованих зрака. Са сненим, тек мало „уједеним” Месецом. Са прилично слободно распоређеним планетама. Па уоколо истачкана сазвежђима обе хемисфере: Андромеда, Рајска птица, Кочијаш, Олтар, Велики и Мали пас, Касиопеја, Шестар, Хидра, Јужни крст, Лира, Трпеза, Орион, Паун, Штит, Велики и Мали медвед, Девица... уз галаксије, маглине и две или три комете, распламсалих окрајака... Изнад свих нас се налазила та штукатура, мајсторском руком изведена још у време газде Лазе Јовановића, местимично још увек обла као линија небеског свода, местимично прекривена грашкама влаге и наеженим иглицама буђи, што су после толико

година избиле под некада глатким пазусима гипса-
них превоја... Штукатура некадашње велике сале за
приредбе и игранке некадашњег хотела „Југославија“,
местимично проваљена, тако да се виде поломљена
тршчана ребра и тамне, као гњиле, таванске изнутри-
це биоскопа...

Како рекох, не могу да се сетим да ли је филм био
играни, али сасвим сам сигуран да је сниман у Аф-
рици. Био је разглашен у штампи због сцене у којој
човека одиста растржу лавови. Што је изазвало жес-
току полемику у јавности, пре свега о хуманости сни-
матељске екипе која је живот несрећника занемарила
ради „јединствених кадрова“ смрти. Затим, а можда је
то био још већи изазов за чистунце, па је било пред-
лога да се цензурише или макар забрани за младеж,
филм је садржао и веома редак, за то доба неуобичаје-
но верно снимљен ритуал оплодње земље. Отприли-
ке приказан тако што урођеник издуби одговарајућу
рупицу крај своје кућице, те лица обредно обојеног
у бело, го голцијат, а од природе приметно обдарен,
залегне опонашајући полни чин, заправо дарујући
имању сопствено семе, верујући да ће и његова земља
тада боље родити, да ће га прехранити...

Уопштено, кажем, ако се добро сећам: филм се, ус-
ловно говорећи, могао жанровски одредити као ан-
трополошки, обиловао је сликовитом етнографијом
и натуралистичким сценама, па је у току пројекције
неколико гледалаца демонстративно изашло. Пре
свих, можда после свега петнаестак минута, отишао
је Ибрахим са својом породицом. Једноставно је ус-
тао, а одмах за њим су беспоговорно пошле и његова
жена и Јасмина, још се није расплинуло Ибрахимово:

– Идемо!

Неки су само мало касније кренули, згрожени, негодујући због неприличних сцена. Мада их, пре тога, сасвим помно одгледавши, као, примера ради, Невајда Елодија. Која, истина, због стегнутости грла, није ништа рекла. Само је нестала, шушнувши као јаребица на ивици поља.

Неки су чекали, чекали и чекали, па су изгубили стрпљење, разочарани због тога што је „радње мало“, што нема пуцњаве, нема јурњаве и нема макљаже (речју, што филмска прича није занимљивија). Заједно, иако се нису договарали, тако утекоше и сва тројица средњошколаца: Петронијевић, Ресавац и Станимировић.

Потиштени Симоновић није био на свом радном месту, крај врата, па су гледаоци сами померали тешку тегет драперију, излазећи како се коме прохтело. Некада, давно, у оно „библијско доба“, разводник Симоновић би такве малодушне бодрио, одвраћао их је речима:

– Чекајте мало, да одмакне... Није све тако како вам се чини... Филм је после много бољи...

Али, у новије време није баш био расположен да се убеђује са посетиоцима. Шта ће њему та одговорност?! Уморио се од посредовања између два света. Да је био ту, вероватно би само слегнуо раменима. Хоћете да уђете? Изволите! Хоћете да изађете? Изволите! Кога је па брига?!

Овако су посетиоци сами излазили, док се Вејка није огласио из сталног места свог боравка, из комфорног балон-мантила:

– Ама, докле више?! Тамо-овамо, лево-десно, го-
ре-доле... Смирите се већ једном! Одлучите се! Уби
нас промаја од тог вашег творизања!

Светлосни зрак се свину

Одједном, негде на половини пројекције, без икак-
ве најаве, баш као да га је нешто невидљиво заиста
помело, светлосни зрак се из оног прозора иза леђа
свину... Па се сасвим прекину. Нешто закркља. Начис-
то се загрцну. На крају: тандркну! Биоскопско платно
„Сутјеске" намах убледе. Па посиве. Да би опет сину-
ло. Пројектор је сада емитовао само засењујућу бели-
ну. Лепо су се могле видети две флеке и три невеште
закрпе...

У првом тренутку се ништа није догодило. Руку на
срце, кино-оператер Шваба Монтажа јесте годинама
мучио муку са дотрајалом апаратуром. Али, као што
је познато, није била ни реткост да због кафе, и још
више због очијукања са благајницом Славицом, напус-
ти свој собичак. Што само по себи и није било лоше,
велике паузе између две ролне или када би филмска
трака једноставно прегорела – користио сам да раз-
гледам превоје и отворене ране на слабинама оне
штукатуре. Увек ми се чинила као део нечега већег,
нечега непојамно великог, па најчешће нисам знао да
ли да жалим што је нама, овде, само толико припало
или треба да се радујем што и оволико имамо.

Међутим, како тада пројекција никако није наста-
вљана, оно мало публике стаде да се мешкољи. Зачу-
ше се звиждуци. А онда и отворени протести. Није

прошло много, готово сви су галамили, добацивали, све мање бирајући речи.

Чак се и Бодо пробудио, протегао се, скинуо је јефтине наочаре за сунце, осмотрио ситуацију и намах стао да звижди, најпродорније. А заиста је знао да звизне. Онако, са два прста.

За разлику од њега, Вејка је само олизнуо и подигао кажипрст, још више се скукутивши:

– Кажем ја, однекле гадно вуче. Примирите се, људи божији!

Драган је, ипак, наставио да „чита" Гагију. Лако је када има шта да се препричава. Треба се на муци показати, смислити нешто упркос недостатку догађаја:

– Сад он њој изјављује љубав. А она одвраћа истом мером.

– Е, превршили сте! Докле ли само имате намеру да измишљате, да заводите неписмен народ?! А ви, зашто допуштате да вас лажу?! Видите ли да од филма нема ни слике, камоли тона?! – понадао се господин Ђурђе Ђорђевић да је напокон дошло његових пет минута, да ће сада рашчистити ту бесрамну обману којој је морао да присуствује од самог почетка.

Гаги је рекао Драгану:

– Брате, чекај само мало, запамти где си стао...

Затим се окренуо и закључио:

– Професоре, која сте ви пицајзла!

Ераковић би несумњиво подржао господина Ђорђевића, али је увелико био заузет објашњавањем Ераковићки:

– Блиставо! Ово ја зовем врхунском уметничком провокацијом. Бравурозно! Какав кадар! Моје искрене честитке режисеру! Разумеш ли, жено, празно биоскопско платно је сада симбол испражњеног значења, то је страшна слика света, представа цивилизације која се уморила и више нема шта да саопшти!

Ераковићка је збуњено додала:

– Збиља?! Нисам приметила?! Мада, могу рећи да су закрпе проштепали прилично траљаво.

Ж. је опет предувао балон жвакаће гуме да пукне што јаче може, З. је опет пљуцнуо љуспицу сунцокрета, па су заједно, најљубазније могуће, питали:

– Чико, молимо вас, хоћете ли само мало да се спустите, ништа не видимо...

Ераковић се окренуо и обрецнуо:

– Марш, бре, балавурдијо! Кукала вам мајка, ко ли вас је тако васпитао?!

Врежинац, онај „...господин ни леп ни ружан, ни сувише дебео ни сувише мршав, не би се могло рећи да је стар, а не би се могло казати ни да је сувише млад...“ – ма, прави Чичиков, као да је испао испод пера Николаја Васиљевича Гогоља – тај је зачкиљио очицама, мора да се досетио како може додатно да заради у својим предузећима. И као сваки мудар пословни човек, није ни реч проговорио.

Крле Абрихтер је процедио:

– Их, да ми је машина овде... Маме ми, сад би онај Швабић, моментално, остао без руке.

Лазар Љ. Момировац је прозвао власт:

– Знао сам! Цензуришете све што је природно!

Његомир је трупкао ногама. Као да „басује“. Па се придизао, махао је рукама, као да бесно удара у чинеле. Сав се презнојио. Било му је жао што је Невајда Елодија отишла и што неће моћи да чује овај нови, сулуди ритам.

Ото се још више преплашио и није померао дланове са очију. Није чак ни гвирнуо.

Тршутка је као права мушкарача звиждала још јаче од Бода. И викала:

— Уаа!

Љубавни парови су спрва изгледали као ухваћени у нечему недоличном, па су се и они снашли, прикључивши се општем протесту.

Сви, осим Чекањца. Он се начисто био укочио, надљудски је трпео, правио се да и даље прати филм, ако буде морао да га препричава. Али, очи као очи, оне су се саме од себе вртеле. Чекањца заболе глава. Не издржа, окрену се: Ћирићева је невољно закопчавала белу блузу. Говорећи будућем официру ратне морнарице, укоченом Ускоковићу:

— Где баш сад?! Таман сам испловила...

Фазан је замолио Христину:

— Хајде некуд да одемо...

Цаца Капетанка је Цицану дискретно показала на Ћирићеву и проценила:

— Срамота... Видите ли, девојка је из лекарске, угледне куће, а начисто је потонула... Него, Цицанко, хоћете ли да вам ваша Цацика купи исту такву белу капу а сако тегет, са извезеним ленгерима и месинганим дугмићима, као да сте и ви капетан, као да негде на мору имате јахту...

Све потраја неуобичајено дуго. Трупкало се ногама и гневно, све уједначеније, узвикивало:

— Швабо, замлато! Лопови, вратите паре! Филм! Пустите филм! Хоћемо да гледамо!

Једино друг Аврамовић, удобно смештен у првом реду, од свих најближи празном биоскопском платну, блаженог израза лица, није ништа примећивао. Јер је, уверен да све иде својим устаљеним редом – жмурио. Јесте, чуо је све те узвике, али није се обазирао. Галама као галама. И раније се галамило, па се у животу ништа није мењало.

СВИТНУ БОЧНО ОСВЕТЉЕЊЕ

И ко зна колико би све трајало, да не свитну бочно осветљење... да се неко не упетља у тешку драперију на улазним вратима... да се тај неко на једвите јаде не искобеља... све кашљуцајући од деценијама скупљане прашине... да у салу не ступи теткица.

Баш тако, теткица из јавног тоалета у склопу хотела „Турист“. Не разводник Симоновић, који је био задужен за карте, седишта, ред и „ванредне околности“. Ни кино-оператер Швабић. Ни управник друштвеног предузећа за приказивање филмова, помпезније званог „Центар за културу и пропагандне активности“, а који је обједињавао и стари биоскоп „Сутјеску“ и новији биоскоп „Ибар“. Нико други већ – теткица. Мадам Пипи. Сунцокрет. Вечито прехлађена женица у плавом, испраном радном мантилу и платненим, похабаним боросанама. Неприкосновена господарица сутеренског јавног тоалета. Сада задихана, јер је вероватно претрчала тих стотинак метара раздаљине до „Сутјеске“. И изненађена, јер јој се у животу ретко дешавало да види толико људи на једном месту.

Заустила је, па је одустала.

– Душо... – рекла је затим, па је застала, сетила се да се не обраћа човеку по човеку појединачно, већ читавом скупу.

– Хоћу рећи, другови... – исправила се.

– Другови, немојте тако, нисам ја крива... – изнова је покушала.

А онда је стегла песнице и смогла снаге да плачевно доврши:

– Другови, немојте тако, умро је наш друг Тито, маршал и председник Социјалистичке Федеративне Републике Југославије!

Ваљда је слушала вести Првог програма Радио-Београда. Још се ехо гласа спикера није смирио у њеним катакомбама – обавестила је запослене у хотелу „Турист“... ови су је послали у биоскоп „Ибар“... из „Ибра“ су је упутили у „Сутјеску“...

ОНАЈ МУК
ШТО ГА ЗОВУ ГРОБНОМ ТИШИНОМ

Завладао је савршен мук. Онај што га зову гробном тишином. Од свих звукова преостао је само шум љуспања креча са штукатуре биоскопске таванице... Под нарочитим углом, у светлосном снопу пројектора, раније се могло видети да одозго, са стилизованог Сунца и Месеца, са планета и сазвежђа, пада фини, млечни прах, бељи и ситнији од сваког пудера... Упорно, сабласно сипи, сигурно и тада када је приказивање филма прекинуто... Као да би све на свету да помири, да сакрије трагове, да ублажи боре около очију и усана, да обели наша лица.

А онда се зачуло како седишта, када би неко од гледалаца устао, клапћу. И, иако није књижевно упутно, покушаћу да опонашам тај звук: клап, клап-клап, клап-клап-клап... Повремено ритмично, као када се сприва стидљиво, па све понесеније аплаудира. Повремено сливено, као када дуго увежбаван вод стрељачког строја злокобно репетира затвараче пушака.

Устао је чак и Аврамовић. Не баш свестан где се налази, као кроз маглу се сећао да је дошао у биоскоп, а сада је све око њега изгледало као нагло прекинут партијски састанак. Уосталом, унезверено је питао:

— Да ли сутра настављамо седницу?

Устао је Бодо. Истина, тетурајући се, негде су му испале наочаре за сунце, већ се хватао за цеп, не би ли на оном свом плану видео где је најближа „база", где је најближе скровиште „средстава за нивелисање стварности".

Устао је и Вејка. Веома обазриво, бојао се да га не подухвати промаја.

Устали су Драган и Гаги, професор Ђурђе Ђорђевић, Ераковић и Ераковићка...

Устао је свако у својем реду, па и Лазар Љ. Момировац, иако се може рећи да је он заправо поскочио од радости.

Без обзира на то што су неки после разметљиво причали како су у инат, намерно остали да седе, једино се преплашени Ото није мицао из тринаестог, не склањајући дланове са лица. И никада се не би одважио да изађе, да га неко у оној гужви на превару није извео, да га није гадно слагао:

— Хајде, добри наш Ото... Хајде, прошло је најстрашније.

Сви су устали и сви су напустили биоскоп, мада се потиштени разводник Симоновић није појавио, да у складу са правилником „О мерама и понашању у случају ванредних околности“ размакне тешку драперију и да раскрили врата. Овако су се сви бескрајно упетљавали и испетљавали из прашњавих набора тегет плиша, сви су жмиркали због нагле промене светлости, па многима задуго није било јасно да ли су заиста изашли или су изнова негде ушли.

Напољу, испред „Сутјеске“, Милкинац Бабл Гам и Далипи Веби су паковали своју робу, нове и старе „занимације за зубе“, ко зна када ће биоскоп поново прорадити. Нису проговарали. Ако се не рачуна да се Бабл Гам тихо вајкао Вебију:

– Пих, који малер... Неће мене да промаши ниједна историјска криза... Слично сам се провео у случају са председником Кенедијем. Таман сам кренуо у велики бизнис у индустрији забаве, а њега убију, цела Америка је стала. Нема слављa месец дана, све отказано, нико се не смеје, камоли да се забавља...

На улици није било никог ко је ишао уобичајеним ходом. Сви су некуда журили. Опет, никако се није могао стећи утисак да баш знају у ком правцу иду. Осим војника – они су трчали да се врате у своје касарне.

На једној терасици, један човек се нагнуо преко ограде и у држач уметнуо заставу Југославије спуштену на пола копља. Потом је ту и остао у ставу мирно. Деловао је утучено, уједно поносно. На на ногама је имао доколенице, на глави мрежицу за косу, био је одевен у бадемантил.

Одговорност

Као што већ рекох, не могу да се сетим наслова приказиваног филма. Мада, кад боље размислим, ни то не би било од пресудне помоћи, јер не могу да докучим ни шта је од свега реченог био филм, шта историја, а шта покушај да се нешто исприча.

Знам само да је неко морао бити проглашен кривим. Одржан је збор Радне јединице. Расправљало се и помно процењивало како се ко држао у одсудном часу. Они из биоскопа „Ибар" су се одмах оградили, код њих је било све како треба, достојанствено. А у „Сутјесци" је мало недостајало да се уприличи реконструкција догађаја. Али, да се не би баш претеривало, на збору је преовладало мишљење да на дисциплинску одговорност треба одмах позвати — кога другог, него Симоновића.

Прво, њега нико неће да брани, осим Момировца. А онда и све друго. Није био на радном месту, крај врата. Угрозио је безбедност посетилаца. Могла је да завлада паника... Приде, досети се неко у последњем часу, Симоновићевом кривицом, сасвим недолично у односу на озбиљност историјских околности, сви су се дуго запетљавали и испетљавали из тегет, прашњаве драперије.

И можда би цео тај процес прошао како треба, то јест „онако", са опоменом, јер нико није хтео да има на души старог човека, пред пензијом, да Симоновић сам није погоршао сопствени положај. Поступак је налагао да се и он такође изјасни. Сви су очекивали покајничко признање, „жао ми је, повредио сам радну обавезу" и неколико сличних, уопштених речи.

Тра-ла-ла. Ни више, ни мање. То би било довољно да му све буде опроштено и заборављено. Али, Симоновић је, ваљда потиштен, шта ли му је „наврло", до следећег састанка написао више од сто педесет страница. Изложивши своје „виђење".

Почео је:

– Изјава.

Погледао је све око себе и наставио:

– Када ме је господин Руди Прохаска давно запослио као разводника, нико од вас то и не памти, када сам први пут стао крај улазних врата ондашњег биоскопа „Уранија", осетио сам се поносним, као што се, верујем, свети Петар осећа поносним крај самих рајских врата...

Сви су се значајно накашљали. Благајница Славица је превpнула очима, осетила је да ће ово потрајати, што значи да неће стићи у фризерски салон „Солидност", на заказан термин стављања „трајне" код Каранфиле. Други су гледали у нокте или у под. Залуд, Симоновић није разумео да се већ првим речима нашао на погрешном путу и да срља у пропаст са сваком новом изговореном:

– ...сматрао сам да обављам племениту дужност, у виду помоћи људима да уђу, да се удобно сместе, да се несметано препусте једном другом, много лепшем свету, све ово сам прихватио као своју највећу обавезу, међутим, полако...

И од тог „међутим", разводник Симоновић је „полако" почео да набраја колико је разочаран. Спомињао је свашта, не баш утврђеним редоследом: понашање, перорезе, залепљене жваке, љуспице сунцокрета и других семенки, згужване фишеке, шта све људима пада на памет да раде у мраку (када мисле да их нико не гледа), бахатост, лошије филмове и све лошији укупан репертоар, мањак могућности избора, неувиђавност, сувишно подилажење, а онда и сувишну пропаганду, зашто је било какав врт бољи од бетониране летње баште, колико се глуми и у друштву а колико режира, могу ли се гледати туђе недаће и истовремено зобати кокице, неисправност пломби на апаратима за гашење пожара, све мању бригу за ближњег свога, никада испитану крађу десет метара ватрогасног црева из хидранта, очајно стање олука, подмукло причање иза леђа, потребу да се поред улазница опет уведу и плац-карте за седишта (не би ли свако знао где му је место), неопходност да се не излази док траје одјавна шпица (не би ли се видело ко је шта тачно радио), колико њих ништа не разуме и колико њих има разумевања само за себе... Свашта је набрајао Симоновић, на више од сто педесет страна, без једне једине тачке, све је врвело од зареза, али се највише задржао говорећи о небризи према прелепој штукатури, о представи свемира на таваници биоскопа. Завршивши овим речима:

– ...а то што нам је дато, не умемо да пазимо, па и да рај имамо на располагању, не би било много другачије.

Можда Симоновић заиста није схватио шта треба да каже, шта би људи волели да чују, да је довољно само оно: тра-ла-ла... А можда му је и дозлогрдило. Свеједно. Није било никог ко се није нашао увређеним том његовом „Изјавом". Сви су ћутали. И то ћутање је могло да значи само једно: прво је изгласано да се гласа тајним путем, а када су тајни гласови сабрани, уместо да прође са опоменом, Симоновић је глатко добио отказ.

Уз све, благајница Славица му је заједљиво добацила у пролазу:

– Много ти нешто у новије доба умишљаш. Не треба нама свети Петар! Причај ти то неком другом... Овде си нашао да ми читаш сатима, од живота ми направи књижевно вече!

ШТА ЈОШ ЗНАМ

Где се затекао друг Аврамовић

Знам да је друг Аврамовић, када се онолика сахрана председника једва завршила, ако се завршила... када су се државници вратили, свак на своју страну света... када су прошли дани жалости, ако су прошли... знам да је после свега друг Аврамовић и даље одлазио у биоскоп „Сутјеску" да седи у првом реду, да блаженог израза лица жмури и повремено савесно подиже десну руку, с поносом употребљавајући више од шездесет мишића. Па и савесније и поносније него раније, јер сада смо сви морали, колико год ко може, ударнички да запнемо, да се потрудимо – не бисмо ли надокнадили губитак.

Тако се, почетком деведесетих, Аврамовић случајно затекао у другом биоскопу, у „Ибру", где се уместо пројекције филма одржавао оснивачки скуп општинског одбора неке опозиционе странке. Можда зато што је (грешком) седео у првом реду, можда зато што је одавао утисак човека који је уверен у сопствене (неограничене) могућности, можда зато што се (целомудрено) није јављао за реч, али је све (спремно)

потврђивао климањем главе и за све први (најсрча-
није) гласао, можда због свега овога, изабран је у нај-
уже руководство. Када се пренуо, када се пробудио из
дремежа, преостало му је само да прими честитања.
Одговорио је:

– Најзад је дошло и наше време!

Његова изјава је означила крај неприкосновене
владавине Савеза комуниста. Цитирана је и прештам-
павана. Потом се исто догађало још неколико пута.
Где год би се затекао, приликом сваког састанка, а
различитих странака, Аврамовић је биран за најод-
говорније функције, ваљда као човек од највећег по-
верења и несумњивог искуства. Тако је, увек „виђен“,
смештен у првом реду, блажено жмурећи и у сваком
часу вољан да гласа „за“, променио неколико пар-
тија... Којих, бесмислено је наводити, јер тај попис на
сваких месец дана застарева и колико се одавде види
– ни изблиза није окончан. Ето доказа да се од поди-
зања једне руке може и те како добро живети.

Међутим, да ли се Титова сахрана збиља завршила,
то већ не знам. Наиме, у древном Египту је постојао
обичај да на онај свет, заједно са фараоном, што си-
лом што милом, креће и целокупна његова свита,
жене и љубавнице, саветници и војсковође, архитекте
и писари, тумачи звезда и кувари, дресери коња, паса
и птица... Али на Балкану никада нема журбе, све
траје мало дуже, па су прошле деценије а још се из-
међу себе нису побили баш сви који су верно двори-
ли господара. Отуда се некада чини да је то најдужа
сахрана у историји човечанства, да тој сахрани при-
суствујемо више од четврт века и да се уз главни сар-
кофаг начичкало још стотине хиљада мањих гробова

— да је заправо читава бивша Југославија огроман комеморативно-меморијални комплекс преминулог председника.

ЈЕДНА ДРУГАЧИЈА САХРАНА

Знам да је Бодо умро. Не, како би се очекивало, од болести јетре. Па ни срце му није попустило. Мада је и даље неумерено пио, алкохол га није докрајчио. Напротив, „отишао" је сасвим трезан. Његови пајташи тврде да га је управо то сатрло. Једанпут када се није „нивелисао", када је решио да се мане порока, када је само на два дана оставио чашицу и превише нагло сагледао свет, пресвиснуо је у часку, од можданог удара, наместо икаквих последњих речи огорчено звизнувши свом преосталом снагом. Онако, продорно, са два прста.

Радници на гробљима се својски труде да забораве сахране. Не успева им, али се труде. Ипак, Бодов погреб не само да су радо памтили већ су га и небројено пута препричавали, непрестано допуњујући један другога; ако је некоме толико стало, нека разврстава који је глас коме припадао:

— Упекло...

— Сува земља... Киша није пала месец дана...

— Кажем колеги: „Колега Горча, шта да радимо? Ово ће тешко да иде, скапаћемо, а за ковчег ће да буде плитко. Дај боже да поп Дане закасни као и обично, да не дође пре него што завршимо..."

– А ја кажем колеги: „Колега Будимире, нема нам друге, хајде да наместимо кочиће, да развучемо канапче...“

– Једва забодемо ашове да ископамо раку...

– Кадли...

– Чујем, звук удара метала о стакло...

– Ми рукама, пажљивије...

– Оно, флаша. Запечаћена.

– До грлића навршена, има само мехурчић, ко зрно пасуља, ма мањи него у најпрецизнијој швапској либели.

– Отворим. Пробам. Цокнем! Јесте, лазачка је. Најбоља. Брат брату, стара петнаест година...

– Баш није цицијашио. Такво послужење је данас реткост...

– Знаш, има оних, неће ни да те погледају...

– Море, пријатељу, неће ни чашу воде и ратлук да ти донесу... За лекара и попа не жале, за њих се увек нађе, шушти на све стране... Али када се до гробара дође, пребирају по џеповима, пабирче, никада немају крупну новчаницу... Ко веле, сада је крај, нема смисла да се више улаже... А живот је трен, колико човек у земљици проведе.

– Е, тај ти је био неки добар, широкогруд...

– Зато смо њему и ископали како треба, да га не жуља, да му буде комотно.

– Ишли смо мимо стандарда: још дваес центи у дубину и пустили по десет центи у ширину и дужину. Не да није било кнап, него је било велелепно!

– Радили смо га, али смо, вала, и урадили!

– Једино... Није нам никако јасно... Како ли је тај ваш Бодо знао где ће да му буде парцела?!

— Добро, можда је и могао претпоставити да ће га одредити с краја гробља, до пруге, тамо је бучно и сви избегавају да им најмилији леже уз ограду... Али, како је знао где ће тачно да му буде гробно место, па нам је оставио флашу онако добре ракије?!

Требало је само, пратећи координатни систем, безбедно стићи од тачке до тачке. Али, иако су многи свуда тражили, баш нико није успео да пронађе Бодов план са распоредом „база“. Само какав срећковић и сада случајно набаса на његове резерве „средстава за нивелисање стварности“. Овде литрица, тамо половче, онамо авионско паковање...

Иначе, док другим покојницима ожалошћени на гробовима пале свеће, остављају цвеће, јабуке, ситне колаче, цигарете, новине, шећер у коцкама и сличне прилоге за онај свет, крај скромног Бодовог споменика неко упорно оставља наочаре за сунце. Јефтине, једноставне наочаре од пластике, купљене на уличној тезги. И, мада их неко други, с времена на време украде, тај први неко – изнова чини исто. Као да Бодо, на оном другом свету, без наочара за сунце не сме ни трен да остане.

ТОЛИКО ДАЛЕКО
ДА СЕ НИКАДА НИЈЕ ВРАТИО

Ко? Вејка? Знам да је нестао. Натуштило се из правца запада, од Чачка. Изненадна летња олуја је Вејку затекла сред главног градског трга. На чистини. Мада, као и увек, у месту сталног боравка, у превеликом балон-мантилу, кућни број XXXL.

Вејка није успео да се склони од ветра. У оближње банке, продавнице или хол хотела „Турист" не би га ни примили. Лаган, очас је, против воље, полетео. Само је стигао да из џепа пусти смотуљак црвене вунице. Нека деца се прихватише клупчета и Вејка је, привезан другим крајем за ону рупицу у реверу, летео као змај. Час доле, час горе. Прешироки балон-мантил сав се надуо. Па би спласнуо. Па би се опет затегао. Одозго су га повлачили и пуштали. Деца су се играла са Вејком као с кинеским змајем.

А Вејка је ширио руке и пловио. Свашта је изводио. Као на ваздухопловној паради. Има оних који тврде да је одозго, када се ослободио страха, викао:

– Ао, људи, што је ово добро!

Има и оних који тврде да је из џепова вадио ситнину, да су кованице цангркале по крововима зграда око трга, па је тако, како се новчани баласт расипао, Вејка све више и више одмицао. Има и оних који додају да је горе два или три пута настављао црвене нити, колико је већ клупчића имао на располагању.

Међутим, негде пре но што ће ветар уминути, пре но што су почеле да падају прве капи топле, летње кише, вуница се прекинула и Вејка је, неконтролисано се ковитлајући тамо-амо, нестао. Да, на срећу или на несрећу, пред почетак кише, толико крупне да може да призeми и птице, црвена вуница се прекинула и колико треба да се трепне – Вејка је далеко замакао. Толико далеко да се никада није вратио. Вероватно својевољно. Јер, има и оних који се заклињу да је Вејка виђен тамо или онамо, како лети, како једри сводом, у оном свом прешироком балон-мантилу, још увек вичући:

– Ао, људи, што је ово добро!

Наравно, има и оних који не верују у све ово. Па, нека им буде. Нека тако и остане. Вејка тиме није ништа изгубио.

СИНХРОНИЗОВАНИ ФИЛМОВИ

Гаги и Драган су без пасоша пребегли у Италију. Селили су се од града до града, не би ли избегли протеривање.

Гаги је спрва просио испред величанствених катедрала. А онда је радио најтеже, погибељне грађевинске послове, без икаквог уговора или животног осигурања. На пример, разносио је, од мајстора до мајстора, кофе с малтером за фуге на зидовима истих оних катедрала. Неколико пута само што није страдао, само што се није омакао са скеле. Ипак, одозго се видело колико је Италија лепа. Гаги је размишљао, рачунао је и рачунао, ако се којим случајем стрмоглави, колико му треба до доле... Десет... Двадесет секунди... Не више... И заклео се да за време тог могућег пада неће вриштати и млатарати рукама, него ће да се смеје и смеје, па колико му до смрти преостане. Живот је у Италији леп и треба искористити сваки трен.

Драганово се знало. Читао је Гагију која врста пице садржи које састојке и приликом одласка у биоскоп преводио је оно што кажу на филму. За разлику од наших обичаја, тамошњи страни филмови нису били титловани већ синхронизовани. Драган је живео на рачун Гагија, сразмерно основним потребама – раскошно. Трошкарио је на жене, коцку и вино. А иза ове

130

тројке никада доста нулица. Зато је Драган оправда-
вао високе суме наводним приватним часовима ита-
лијанског. Тврдио је да због поузданијег превођења
мора што студиозније да упозна језичке финесе, да не
жели, баш због Гагија, да има било какве недоумице.

– Ух, страни језици су тежи него домаћи – гово-
рио је, када његов другар уморан дође са посла, увек
учећи у лежећем положају, држећи књигу *Grammatica
italiana*, или ону *Lo Zingarelli – Vocabolario della
lingua italiana*, мада је у обе скривао стрипове, *Il gatto
Garfield*, или неки други, по могућству са што мање
речи.

– Није ти лако... Али немој толико да се сатиреш
само због мене... Јеси ли ишта јео, хоћеш ли да одемо
на сладолед? – хтео је Гаги, увек спремно, да му олак-
ша толике напоре.

Ипак, Драган никада није научио више од стоти-
нак речи, никада није одмакао даље од садашњег вре-
мена, од простих бројева и личне заменице *io*. Што
му није сметало да „симултано“, сасвим самоуверено,
тумачи ко је шта коме рекао. А Гаги је био захвалан. И
задовољан. Презадовољан. Што се његовог неписме-
ног другара тиче, може да прича ко шта хоће, Драган
је италијански језик знао као папа, па и више од тога,
„као Хајле Селасије, цар Етиопије“.

Италија је за обојицу била обећана земља. Италија
је за обојицу била земља снова. У Италији је живот
био леп и грех је не искористити сваки трен. Осим
тога, у Италији није било досадног господина Ђорђе-
вића да им смета из петог реда, „да свуда тура нос и
да се меша у радњу филма“.

НЕДОВОЉАН (1)

А споменути господин Ђорђевић је пред крај живота „малчице проклизао". Све оне силне књиге, о којима је читав радни век здушно предавао генерацијама, све те томове, од речи до речи, поново је прочитао. Заправо, кренуо је од самог почетка, решио је да изнова научи азбуку, да изнова научи језик од буквара... од граматике до правописа... преко књижевности писане за децу... па је поново ишчитао домаће и стране писце, од корица до корица, и Хомера и Дантеа, и Сервантеса и Шекспира, и Достојевског и Мана... Посебно обративши пажњу на Раблеа и Гогоља. У свакој од књига марљиво подвлачећи најважније редове, на маргинама сравњујући запажања и на хиљадама листова папира изводећи закључке.

И када је све то окончао, када се усудио да себи каже како је обновио градиво, почео је да одлази у школу у којој је некада радио. И све писмене задатке, свих генерација које је деценијама подучавао књижевности и језику, све те стотине и стотине вежбанки извукао је из архива, заправо из гимназијског подрума, те их је поново прегледао. Допустили су му из сажаљења. Одредили су да може да користи део преграђеног светларника, таман довољно велик за расходовану клупу и столицу. Нека ради шта хоће, само да се не петља у нови наставни програм, кога још занимају те старе теме и мемлом прожете свеске. Нека ради шта хоће, ако му је баш по вољи, нека их све, од речи до речи, поново прегледа... Ипак, ма колико био пажљив, превремено пензионисани професор југословенске књижевности и српскохрватског језика није успео да открије грешку.

Господин Ђурђе Ђорђевић се тако и упокојио. У убеђењу да је нешто превидео, да му је нешто промакло. Односно, да је некога олако пропустио да „прође" тек тако. До последњег тренутка је остао превише строг, онакав за каквог су га и сматрали. Пре свега, према самом себи. На крају крајева, сопствени живот је оценио речју: „Живео?", па се мало замислио и додао: „Недовољан (1)!"

Наследници су непокретну имовину поделили договорно, пре него што су се посвађали. А ону заоставштину коју нико није хтео, замашну библиотеку и још обимније свежњеве бележака, поклонили су Завичајном фонду. Вероватно су још увек тамо, потребне су године да се све проучи и среди.

ИМАМО ЛИ АЛУМИНИЈУМСКЕ ФОЛИЈЕ?

Знам да је Ераковић, после мноштва покушаја, најзад успео да постане угледан уметник. Истина, не филмски, већ ликовни. Једне ноћи му је напрасно „синуло". Пробудио је Ераковићку грозничавим питањем:

– Имамо ли алуминијумске фолије?

– Чега? – рекла је Ераковићка буновно.

– Жено, сабери се! Осећам, само што не почнем да стварам! Имамо ли у кући алуминијумску фолију? – поновио је Ераковић.

– Прошле седмице сам купила ролну, нисам је ни начела – одговорила је Ераковићка, те је устала и огрнула пењоар, да супругу прави друштво.

Онда је Ераковић, те бесане ноћи, у пругастој „глат" пиџами, рашчупане косе, уздрхталих руку, у силовитом налету надахнућа, размотавао и цепкао ону ролну дугачку десет метара, широку тридесет центиметара, дебљине десет микрона. Исход је био у множини: тачно тридесет три аутопортрета. Малог формата. Доцније, веома луксузно урамљена. Али, пре тога, док их још није видела уоквирене, Ераковићка се усудила да посумња:

– То су аутопортрети?!

– Ваљда видиш да се у њима огледам! – принео је Ераковић ближе лицу један од танушних листова. – Ради твог знања, то је интервенција уметникове личности у простору.

Ераковић је изложбу назвао скромно: „Ераковићи". Ликовна критика је била обезнањена. Писало се у престоничким новинама. Ераковић је давао хвалисаве интервјуе. Позирао је испред урамљених алуминијумских фолија. У свакој од њих се до у бесконачност умножавао. Говорио је да га читавог живота, посебни „анђеоски гласови" – прозивају да учини нешто слично. О свему томе се рашчуло у иностранству. И поред тога што је земља била изопштена, изложба „Ераковићи" гостовала је у неколико европских престоница. Где је, такође, изазвала посебну пажњу и дужно поштовање.

Истина, Ераковић никада није успео тако нешто да понови. Није му се „дало". Мада је Ераковићка, не би ли помогла, у оближњој самопослузи покуповала све залихе и алуминијумске фолије и гумица за тегле и целофана у „таблама“. Касирка је завидљиво рекла Ераковићки:

– Комшијка, алај ће бити зимнице.

Ераковићка, раније тиха особа, није препознала саму себе када је прилично надобудно одвратила:

– Запакујте и ћутите. Не мислите, ваљда, да ћу са вама да причам о уметности!

МЕТАК
КОЈИ НЕПРЕСТАНО РИКОШЕТИРА

А можда Ераковић није био у стању да понови толики успех првог излагања зато што никада више није чуо посебне „анђеоске гласове“. Наиме, и Ж. и З. су као војници ЈНА погинули у једном од првих сукоба приликом распада Југославије.

Потпуна реконструкција догађаја никада није изведена. Али, сведоци тврде да се то збило од једног јединог метка. Једног јединог куршума који је рикошетирао, тек онако, као из обести. Испаљеног искоса, ко зна када и ко зна одакле. Можда пре много година. Можда и пре много деценија. Мада би и столећа требало имати у виду.

Одакле год доспело, зрно је фијукнуло – одбило се од металне плоче, заправо граничног натписа: „Добро дошли у Социјалистичку Федеративну Републику Југославију“ – па је скренуло, окрзнувши куполу оклопног возила тек доспеле тенковске јединице – потом је хировито променило правац, само је чвакнуло шлем неког ратног посматрача, односно новинара

CNN-а – опет је, противно свим балистичким законима, променило правац, пробило је неколико транспарената са истим, а трагично различитим натписима: „Сваком своје!", транспарената од хамер-папира које су носиле супротстављене групе демонстраната – па је тек дирнуло слепоочницу војника Ж. – да би се поново одбило и очешало слепоочницу војника З.

У том метежу нико не зна где је потом метак наставио. И колико је њих још погубио. И колико ће их још, и под којим углом, за неколико година, погубити. Можда и деценија. Мада би у виду требало имати и столећа.

Ж. и З. су тада само клонули. Нису изгледали као мртви, али су били. Не, ако не рачунамо крваве мрље на слепоочницама, нимало нису личили на мртве младиће. Напротив, обојица су, гологлави, отворених уста, изгледали као да су управо дечије заустили:

– Молимо вас, хоћете ли да се мало спустите, од вас ништа не видимо.

ЧИЧИКОВ НАШИХ ДАНА

Врежинац се бавио посредовањем и као и сваки мудар пословни човек – није проговарао. Бизнис је током ратова цветао: бензин, цигарете, храна за бебе, лекови, мада се Врежинац ни оружја није гадио. Када је све прошло, у новом миленијуму и веку, решио је да се опусти и врати својој првој љубави – туризму. Разуме се, није више могао да доводи Русе да црвене гледајући наивне порнографске филмове. Зато се окренуо нижој средњој класи са Запада. У доброј мери разрушена и осиромашена Србија свакако није била атрактивна као неке друге европске дестинације, али је Врежинац управо у томе пронашао могућност да заради.

Спрва је то била класична тура, именована „Дан у Београду". Подразумевала је поглед са Калемегдана на ушће Саве у Дунав, посету „Кући цвећа", односно Титовом гробу, разгледање рушевина после НАТО бомбардовања, као и банчење у неком ресторану док странци не спадну с ногу.

Тако је било спрва, а онда је Чичиков наших дана обогатио понуду, осмислио је аранжман под називом „Екстремни туризам – Унутрашњост". Суштина је била у томе да мале групе туриста овде проведу продужени викенд крећући се само унутрашњим двориштима, претрчавајући улице тек да би прешле из кварта у кварт, са ноћењем у запуштеним атомским склоништима.

Странцима се тај сплет хаустора, пасажа, ограда, стаза између гаража, свега онога што је иза прочеља важних зграда – чинио бескрајно занимљив. Осим тога, овај је лавиринт био и бескрајно узбудљив. Сусрети са скитницама, оним светом који зависи од наводног поправљања кишобрана или оштрења ножева и маказа, просјацима чија лица не видимо, јер су им главе непрестано зароњене у канте за отпатке, па уочавамо само пресамићено тело... Каткад лопов који се шуња око аутомобила, силовање у покушају... Дечак који је гурнуо главу у кесу са лепком... Старудија изнета на стајалишта... Подруми као технички музеји грејних тела, од шпорета на дрва, преко нафтарица, до опека каљевих пећи... Жене које проводе цео дан

са папилотнама у коси, увек спремне да крену у из-
лазак, под условом да се њихови мужеви отрезне...
Старији мушкарци који неумерено негују своје пив-
ске стомаке или они млађи који пазе на сваки мишић,
па бесконачно вежбају подизање тегова на тераси...
Сиротињски веш који увек остаје сиротињски, без
обзира како је поређан на жици за сушење... Оцвале
даме ослоњене на јастучићима постављеним на про-
зорке даске, што се праве да позоришним догледима
не посматрају оне млађе мушкарце...

Странцима се све то допадало, јер су у тих неколи-
ко дана могли да забораве како је и код њих слично.
Још и зато што им се, онда, оно њихово „тамо“ чинило
као подношљивије – поготово када су се уверили да је
овде горе.

Чичиков наших дана је трљао руке. И као сваки му-
дар пословни човек – није проговарао.

КАДА ЈЕ РАТ СВЕДЕН У ГРАНИЦЕ МИРА

Ибрахим, његова жена и Јасмина напустили су
град за време рата. Одличне, највеће шампите, урам-
љена диплома добровољног даваоца крви, једина
преостала ћирилична фирма у улици – нису били до-
вољан доказ лојалности. Ово последње је чак било и
повод сталног сумњичења:

– Или нам подилази?! Или нам иде уз нос?!

Нико није схватао да Ибрахим није мењао ћири-
лични натпис посластичарнице „Код хиљаду једног
колача“ зато што нас је поштовао. Мада, гледајући
онолику околну латиницу, којом смо почели да се

надмећемо, и сам је био збуњен: има ли уопште начина да нам удовољи.

Крле Абрихтер је из ноћи у ноћ претио да ће одсецати руке. Једном је ушао у Ибрахимову посластичарницу, наручио је и појео три шампите, попио криглу бозе, и одбивши да плати, саопштио је Ибрахиму:

– Ако ми твоја жена вечерас не покаже каква је то тетоважа на њеној надланици, изјутра долазим да је сам самцијат разгледам. До краја и до миле воље!

Ибрахим није ништа рекао. Суздржао се. Сутрадан је отишао са Јасмином. И са женом. На расхладној витрини је оставио цедуљицу са детаљним упутством: „Шампите су свеже. Прво би ваљало појести ишлере...“

После, када је рат окончан (тачније, када је сведен у границе мира), после свега се Крле Абрихтер заклињао да је Ибрахим својевољно отишао... Да је најзад уштедео новац за пут до Аустралије, где је тражио оног јединог који је осим њега самог знао куда се то и како пружа истетовирана шара на руци његове жене.

– Нисам их терао! Сами су отишли! Уосталом, што је и крила! Како ја могу да покажем све пред свима?! – раскопчавао је кошуљу Крле, дајући свету на увид своје цртеже на кожи.

ШТА СЕ РАЧУНА КАО ВЕЛИКА РИБА

ПРАЗНИНА

Али, то Крлетово раскопчавање кошуље и показивање тетоваже збило се после. Не само временски. Мора се рећи да је то било после и зато што је у биоскопу „Сутјеска“, између деветог и десетог низа седишта, била празнина. Па је ред да тако буде и у овој повести. За коју више нисам сигуран колико је прича, колико је историја, а колико филм, монтиран од мноштва олако одбачених кадрова.

Знам да је стари Симоновић добио отказ крајем јуна, два месеца пре одласка у пензију. И не само да је остао без посла, већ је морао да се исели из свог стана-оставе. Одбио је предлог адвоката Лазара Љ. Момировца да покрене жалбени поступак. Почео је да се пакује истог дана када му је уручено решење о престанку радног односа. Није ту било много покућства. Неопходна гардероба, предратна униформа разводника и шапка, прибор за јело и хигијену, неколико фотографија и фасцикла са преопширном „Изјавом“, уобичајене ствари... Осим: стуба и папагаја. Стубе није намеравао да остави. Сваки боговетни дом је већ поседовао телевизор. За оне који нису имали колор-пријемнике, водитељи програма су детаљно описивали шта је у којој боји. Око Земље су кружили вештачки сателити. Људи су одавно освојили Месец и у космос увелико лансирали сонде, подвиг пајања таванице димничара Мушмуле је потонуо у заборав... Али, стари разводник Симоновић није хтео да се реши обичних стуба. Још увек га је опчињавало то што се видик мења чим човек закорачи на прву пречку, да не говоримо докле поглед допире ако стане на другу или трећу. Не, стубе није намеравао да остави. Ни птичицу. Мада папагај није ништа рекао када је Симоновић добио отказ. Само је слетео на његово раме, и као невешто жмиркао оним својим очицама, али ништа није рекао.

Као што ништа није рекао ни када је Руди Прохаска, проказан од доушника Невидљивог, једва преживео сусрет са немилосрдним батинашем Ћором.

Као што ништа није рекао ни када су прве немачке трупе у априлу 1941. године, после кратког пушкарања, ушле у Краљево.

Као што ништа није рекао ни када су мањинског власника „Ураније", Рудија Прохаску, међу првима од свих мештана позвали у команду Гестапоа.

БЕДНО МАЛА ЗНАЧКИЦА
СА КУКАСТИМ КРСТОМ

– Јао мени... Јао мени... – спремала је госпођа Мара свог супруга за тај одлазак, помагала му је да обуче сако, поправљала је његову кравату, изнова је у горњи џеп уметала ову па ону марамицу. – Јао мени... Пази, Руди, шта причаш. Молим те, говори на немачком. Хајде, обећај да нећеш ништа да кажеш на српском... Јао мени, на српском увек кажеш нешто што не треба...

Разговор у команди, међутим, и није био разговор. Рудију је уручена листа филмова који не могу бити приказивани. Трећи рајх је сматрао да нема о чему да расправља са кино-оператером Прохаском. Чак га није примио официр, већ цивил водњикавих очију, од свих обележја је на реверу имао бедно малу значкицу са кукастим крстом. Уједно је гледао у Прохаску и кроз њега:

– Потпишите да сте разумели.

Па и то није рекао на немачком, већ на српском. Човек који је Рудију Прохаски предао наредбу звао се Јохан, био је фолксдојчер, домаћи Немац из Баната. У сваком случају био је то један од оних људи који су навикли да живе у непрегледној равници, па овде несвесно увлаче главу међу рамена, јер им се чини да ће се превише блиска, околна брда обрушити – да ће им се сваког часа сручити на леђа. Господин Прохаска се једва суздржао да нешто не одврати. Био је љут, дошао је овамо помешаних осећања, и узнемирен и поносан, страхујући да ће можда бити стрељан, а примио га је мобилисани чиновник, можда и уплашенији од њега самог. По повратку кући, на Марина питања шта је и како било, само се подбочио:

– Невидљиви је био бољи, овај ме је сасвим понизио.

Мада, није баш да није било стрељања. Немци су у октобру, после борби са удруженим јединицама четника и партизана, погубили готово две хиљаде цивила. У знак одмазде, као резултат просте рачунске радње: сто ваших за једног нашег погинулог, педесет ваших за једног нашег рањеног.

Побијени су поштански службеници, бравари, учитељи, обућари, земљорадници, ветеринарски референти, супленти, зидари, лимари, ковачи, ливци, инжењери, телеграфисти, монтери, кројачи, пекари, бербери, маневристи, ложачи, скретничари, чувари шума, домаћице, ђаци, машиновође, кочничари, штампарски радници, баштовани, писари... и понајвише музичари, јер је Ромима, и без питања, уз име и презиме, уписивано то безбрижно занимање.

Стрељачки вод је извршио своју дужност, а стрељани нису завршили своје послове: никада нису разаслали све дописне карте, на крају су набрекли џакови сатрулили у подруму поште... никада нису поправили капије, врата се нису добро затварала, шкрипале су шарке... никада нису стигли даље од Д, а са пет слова се мало тога може... никада нису обрали род, отежале гране воћњака су препукле... никада нису направили спискове за вакцинисање стоке, заразне болести су се рашириле, крупноока телад су слинавила на све стране... никада нису завршили започете лекције о мерним јединицама, колико је чега садржано у чему... никада нису до краја истисли мехове за распиривање ватре, ваздух у њима се устајао... никада нису очистили канале, лонце и изливнике, гус у калупима се стврднуо па је оксидирао... никада нису искористили нарасло тесто, прекипело је преко ивица вангли, па се убуђало... никада нису сачували шуме, младице је секао ко стигне... никада нису покупили осушени веш,

стољњаке, јастучнице и чаршаве... никада нису завр-
шили реченице десетина молби или жалби... и понај-
више од свега – стрељани нису оставили могућност
преживелима да икада више запевају пуним гласом.

ЗАБАВА ИЛИ ИСТЕРИВАЊЕ МУКЕ

Мара је током окупације учестало љубила свог
супруга. Таман би Руди нешто заустио, а Мара би се
привила уз њега и примакла усне. Измамила је од
њега обећање да у варош неће излазити са птичицом.
Била је уверена да је папагај прецењен, да никада неће
проговорити, али се плашила онога што би Руди, пред
другима, могао да каже тој својој Демократији.

Филмови у „Уранији" су приказивани у складу са
наредбом. Свакој од пројекција је претходио журнал
о војним успесима Вермахта. Артиљеријска батерија
се стреса под маскирним мрежама, пешадија спремно
искаче из ровова, колона оклопних немачких возила
улази у неки град, карта Европе се не види од стре-
лица које приказују напредовање јединица, заставе
се вијоре на трговима, нижу се кадрови полупрофила
постројених војника, па су у првом плану затегнуте
вратне жиле и чврсто стегнуте вилице, Фирер држи
говор пред све млађим и млађим елитним трупама...

Ништа се није променило ни када је Трећи рајх по-
чео да губи на свим фронтовима. Само је извесна Гер-
та, љубавница командира Гестапоа у Краљеву, све мах-
нитије мамузала белог расног коња, у галопу јашући
главним варошким улицама. То јој је био обичај, то
јахање тамо-амо, док су је пратила два вучјака. Била

је згодна црнка, једра, али и пуна неког беса. Знала је да натера белца на пролазнике и да охоло осмехнута ужива у општој бежанији народа. Чак је уредила и да је немачки војни сниматељ овековечи у тој њеној пукој забави или истеривању муке.

Руди Прохаска је у више наврата био принуђен да мимо уобичајених представа отвори биоскоп „Уранију“, те да само за њу прикаже тај десетоминутни филм: Герту у јахаћим панталонама и са чизмама високих сара, белог коња који се пропиње и необуздано јури, два вучјака који усредсређено прате младу жену. Она је седела сама у сали и неретко тражила да се ролна поново и поново пусти. Али, тада још увек млад разводник Симоновић, одевен у ону своју парадну униформу, у ставу мирно крај тегет драперије, био је сведок да се Герта ниједанпут није насмејала – излазила је црвених очију, видело се да је у мраку плакала.

Герта је, пред сам крај рата, спасла живот Рудију Прохаски. Шта је било, како се то догодило... тек, власник „Ураније“ је помешао ролне и уместо журнала пустио неким случајем преостао амерички, забрањени филм. Настао је лом. Војници су поскакали са седишта, један официр се машио за пиштољ. Прохаска је изашао из собе са кино-апаратуром, да покуша да објасни, да се извини... Официр је повукао затварач, чуло се како је метак легао у цев, недостајао је трен да ороз покрене ударну иглу, када је Герта стала испред Рудија. Нешто је прошапутала официру на уво. Он се насмејао и спустио пиштољ. А Герта је каприциозно одмахнула руком, показујући Прохаски да може да иде.

Приликом повлачења немачке војске из Краљева није желела да уђе у последњи воз без свог коња и паса. Сви су теретни вагони, још од поласка композиције из Грчке, били заузети рањеницима. Она није желела да уђе у воз, а Јохан, мобилисани чиновник из Баната, није могао. Неко је одлучио да овдашњи Немци овде и остану. Воз је без писка кренуо. Герта је узјахала белца и галопом кренула ван вароши. Пара локомотиве се није честито ни разишла, а Јохана су крај насипа на смрт утукли пружни радници. Није бежао, само је чучнуо и рукама покрио главу. Оставили су га да лежи на леђима, отворених, водњикавих очију, да у небо уједно гледа и не гледа. Герта није далеко одмакла. Како је мост на Западној Морави био срушен, она је преко реке кренула тамо где јој се учинило да је вода плитка. Ипак, са Западном Моравом се никада не зна, њени вирови се премештају, спајају и раздвајају учесталије од облака. Захватио их је један од вртлога, животиње су некако испливале на другу обалу, али је Герта нестала. Оседлани бели коњ се стресао и наставио да галопира. Вучјаци су, међутим, остали. И још дуго су се врзмали по врбацима, дању њушкајући ту и тамо, ноћу завијајући без престанка.

КАНАЛИЗАЦИОНИ СИСТЕМ
КОЈИ НЕУОБИЧАЈЕНО ВРЛУДА

Руди Прохаска је најзад могао поново да излази у варош са птичицом у џепу сакоа. Могао је и да приказује филмове које жели. Неких десетак дана. Мањински власник „Ураније“ је опет међу првима позван да се јави у нову, партизанску команду места. Опет је госпођа Мара спремала супруга уз речи:

– Јао мени... Јао мени... Пази шта причаш...

И опет је кино-оператер добио препоруку шта је од филмова прихватљиво, а шта забрањено. И опет је било стрељања, углавном индустријалаца, трговаца и других имућнијих људи, преким судом проглашаваних за сараднике окупатора. Само што овог пута нико није водио спискове и што је место погубљења, и сахране без обележја, мењано из ноћи у ноћ. Јек појединачне пуцњаве у мраку одавно је уминуо, сведоци су помрли отекли од ћутања, данас је за све то мало кога брига... А када се погледа шеталиште крај Ибра, када се погледа распоред шахт-поклопаца и сливника, види се да линија накнадно проширивног канализационог система није уобичајено права, већ врлуда. Постоји градска прича да је разлог томе жеља да се заобиђу места тајног покопавања. Није познато да ли се ико потрудио да провери истинитост ових навода.

Недуго после рата национализовано је све иоле вредније. Између осталог и хотел „Југославија“ и биоскоп „Уранија“. Већински и мањински власник, Мара и Руди, нису ни трепнули. Било их је баш брига... Ни пре нису много марили за материјалну страну живота. Шта је то, столице пресвучене похабаним плишом, прашњава драперија, застарела кино-апаратура... Важно је да су заједно, да и даље воле једно друго. Уосталом, у биоскопу су задржани, сада као радници. Мада је господин Руди Прохаска кажипрстом упирао у птичицу:

– Опет ниси ништа рекла... Хајде, кажи макар како се зовеш!

И мада је Мара у тим приликама упозоравала:

— Руди, мани се ћорава посла... Да је до сада хтела да проговори, ваљда би нешто изустила... Та птица само једе и мења перје... И још свуда, с опроштењем, цврцка.

Истина, птица није ништа рекла. Говорили су људи.

Лаза Јовановић, онај што је упарио десне и леве цокуле, а потом и сазидао хотел „Југославију“, још увек жив и још увек разочаран:

— Ја ово нисам овако замишљао.

Божо Цугер, првоборац, чешкајући трбух, све ређе се виђајући са својим друговима из рата, све чешће одлазећи на пецање крај Ибра:

— Право да ти кажем, ни ја ово нисам овако замишљао.

Неки Милкинац, пука сиротиња:

— Одох ја, пријатељу, у Америку. То је земља неограничених могућности, тамо нема шта нема, тамо има људи који живе само од жвакаћих гума... Него, спремајте се већ сада да ме једног дана дочекате као Рокфелера!

Доушник Невидљиви, када су га препознали:

— Пардонирам! А како сте ме препознали?!

А мало касније, када су га ухапсили:

— Ја оштро протестујем! Ви сте мене побркали са неким, то је нека грешка!

И још мало касније, после једног јединог шамара иследника:

— Можемо ли да се договоримо? Колико ћу да робијам ако кажем да је то био неки Ђоро?

Ђоро, батинаш, када су га пронашли:

– Хвала Богу, дођосте. Чекам вас, бре, годинама. Иначе нисам могао да живим са оним што сам урадио...

Чкиљац, кадровик, дуванећи сваку цигарету док му жар не дође до усана:

– Друже Панто, рећи ћу ти да су други рекли како је храна у јавној кухињи без укуса... Како да ти речем, твој задатак би био да пред другима једеш и да се не жалиш... Партија, друже Панто, рачуна на твој апетит... Сада си, рецимо, слободан.

Панта Мајстор за ручак, док је у канцеларији кадровика, у облаку дуванског дима назирао урамљене портрете загонетно осмехнутог друга Стаљина и очински осмехнутог друга Тита (или је, можда, некоме, у страху, могло изгледати обрнуто...):

– Не долази у обзир! Ја сам гурман! А хоћу ли имати сва три оброка?

Жалосни кројач Марко, када је маршал Јосип Броз Тито први пут дошао у Краљево, у маси окупљеног народа на тргу, на једвите јаде померајући усне, као да се плаши да му не поиспадају непостојеће шпенадле:

– Псст... Немој, Десо, више... Немој, молим те...

Што је луду Десу терало да прсне у још јачи смех:

– Зато се и смејем, хо-хо-хо... Да ми буде, хе-хе, лакше...

Свештеник, отац Дане, када су га нешто питали, уопште нема везе шта, наводећи Јеванђеље по Јовану (на том месту се отворило *Свето писмо*):

– Исус им рече: Принесите од рибе што сад ухватисте. А Симон Петар уђе и извуче мрежу на земљу пуну великијех риба сто и педесет три; и од толиког мноштва не подрије се мрежа.

И опет првоборац Божо Цугер, опет се чешкајући по трбуху, не устручавајући се да пред другима из пупка ишчачка смотуљак накупљених влати памука:

– А шта се код вас рачуна као велика риба? Мене, примера ради, обрадује и кркушица!

Нека деца, трчећи главном улицом:

– Отпао Мушмула, отпао Мушмула! Разбио се, треснуо са димњака...

Св. Р. Малишић, звани Држава, хукћући у печат и песницом трескајући таксене марке нове државе на разноразне списе, преко наочара гледајући странке:

– Жури вам се?

Био је мало жутнуо у лицу, можда је државни лепак збиља почео да му избија на кожу.

ТЉ-ТЉ-ТЉ-ТЉ...

Прво је умрла госпођа Мара. У сну, у кревету, изгледала је као да је заспала. Недуго за њом отишао је и господин Руди Прохаска. Збило се то на улици. Замутило му се у глави, пао је, слика света се изокренула, као када се грешком кино-оператера на платну обрне филмска слика, па се небо нађе доле, а горе се батргају ноге филмских јунака... Пролазници су притрчавали:

– Је ли вам позлило?

– Како вам је?

– Шта осећате?

– Смејурија жива – рекао је Руди Прохаска, пре него што је и таква, изокренута слика света стала да „прегорева“.

А затим су, ту и тамо, уместо боја, почели ницати „пупољци“ белина, све више су се ширили, расцветавали и спајали у једно једино бело – у једно једино празно. Некако су га однели до болнице, лекари су учинили све што су могли...

Добри Чех се, истина, у једном тренутку повратио. Али и даље ништа није видео осим потпуне белине, као када кино-пројектор ради без траке, у празно... Мада је чуо звукове, некога ко је наредио да га сместе у собу број седам, па је чуо шапутање доктора, ситно цангркање ампула са инјекцијама, крупније звецкање инструмената, оштро парање траке фластера, касније и пригушен кикот две медицинске сестре из болничког ходника:

– Хоћемо ли да обиђемо оног из седмице?

– Ма, чекај, неће нам деда побећи... Стани да ти испричам...

Чуо је Прохаска и како Симоновић уздише крај његовог кревета... Руди је некако помрмљао, покушао је да се нашали:

– Није све пропало, разводниче... Истина је да слике нема, али је тон још увек...

Да би озбиљније додао:

– Пази макар на таваницу, штета је да пропадне... А доле, у биоскопској сали, шта се ради тамо доле, ту се по свој прилици не може много тога променити... И још, молио бих те да преузмеш бригу о мојој птичици... Човек није смислио ништа боље од демократије... Немој да одустајеш, проговориће она, важно је да нешто каже, после ће ићи лакше... Много лакше...

Затим је и тон нестао. Сви болнички звуци су утихнули... Господин Руди Прохаска је још неко време

чуо самосамо шуштање, као када филмска ролна ис-
текне, па крај целулоидне траке ландара и производи
ритмично:

— Тљ-тљ-тљ-тљ...

На крају је и тај монотони звук престао. Бела слика
се посувратила и постала сасвим црна.

РЕДА РАДИ

Птица није ништа рекла ни када је гоподин Про-
хаска умро. Није ништа рекла ни када је Симоновић
преузео бригу о њој. Неком Марином сестрићу, који
се изнебуха појавио у граду, како би наследио имови-
ну, видно је лакнуло. Који ће му ђаво папагај, па још
тако незгодног имена. Било му је потребно неколико
дана да уреди папире око наследства, да Марину и
Рудијеву кућицу прода и да се опет изгуби тамо ода-
кле је и дошао. Истина, неколико пута је тугаљиво уз-
дахнуо, реда ради:

— Ех, тетка, тетка... Ех, течо, течо...

И то је било све.

ОДНОСНО, ЈОШ САМО ЈЕДАН РАЗГОВОР

Разводник Симоновић није одустајао, али се не
може рећи ни да се баш много надао. Тамо негде, сре-
дином седамдесетих, била је изложба птица у Дому
друштвених организација у Краљеву. Боје, пера, кри-
ла, мале главе које провирују па се повлаче, крештање

и цвркутање... Међу свим пернатим створењима и неколико папагаја. Симоновић је, са Демократијом у џепу, пришао једном од излагача. Замолио је за савет.

– Ретка врста. Може дуго да живи – оценио је човек окружен кавезима.

– А може ли да говори? – питао је Симоновић.

– Десет до двадесет речи... – рекао је излагач. – Хоћете да га продате?

– А којих двадесет речи? – био је упоран Симоновић.

– Па, оних које је чуо од људи... Не очекујете ваљда да их птица сама смисли... Имам једног који псује као кочијаш... Куда, пријатељу? Ако нећете да га продате, хоћете ли да се мењамо? Ево, даћу вам пар ових жутокљуних...

ЧАУРЕ СУ ПОКУПИЛА ДЕЦА

ВИЈУГАВИ, ПРИЛАЗНИ ПУТ

– Не, Ибрахима и његову породицу нисам терао! Сами су отишли! Уосталом, што је и крила! Како ја могу да покажем све пред свима?! – раскопчавао је кошуљу Крле, дајући свету на увид своје цртеже на кожи.

На Крлетовом врату, на грудима и мишицама, без неког нарочитог реда, била су ситно пунктирана избледела имена девојака, симболи јинга и јанга, крст од два педља, сирена на гребену, свети Никола, знаци игре „икс-окс", недефинисана мрља, застарели грб државе са петокраком, јединица, место и датум служења војске, стрелицом прободено срце, јунаци омиљених стрипова, нека крилата живуљка...

Сасвим у складу са својим језивим надимком, Крле Абрихтер је тако, где год би стигао, претио „прскањем крви". А онда је увидео да то баш и није нешто нарочито, посебно не нешто исплативо. Ваљда да не би сасвим изневерио сопствене идеје, окренуо се сродним пословима. Основао је предузеће за разрезивање дрвне грађе. Немилице је секао најздравија стабла, спрва по околним брдима, а онда и свуда где би испословао дозволу за експлоатацију. Долазили су камиони. Разлокали су ионако лоше путеве. Одвозили су још влажне, столетне годове. Махом у иностранство.

Крле Абрихтер се обогатио. Није више ишао у биоскоп. Није имао храбрости. Зато је у својој добро обезбеђеној вили, правцатој тврђави на брегу ван града, имао личну кино-дворану, са десет фотеља пресвучених јеленском кожом и најмодернијим, огромним плазма екраном. Али, и ту је седео сам самцијат. Није имао једног јединог пријатеља од поверења са којим би смео дуже да остане у полумраку. Уместо филмова, нетремице је пратио шта је снимила која сигурносна камера. Било их је педесетак, постављених у свим просторијама, около куће, на високом дворишном зиду, испред капије... Крле је са даљинским управљачем у руци гледао и гледао имитације свог стилског намештаја по собама, своје краљевски широке кревете или ручно прављене тепихе, витраже или мермерне камине, трпезаријске или билијарске столове, порцеланске рукохвате на славинама у купатилима или позлаћене кваке на унутрашњим вратима од пуног махагонија. Гледао је и гледао свој беспрекорни енглески травњак или празан базен обложен мозаиком с античким мотивима. А нарочито помно је гледао и гледао – вијугави, прилазни пут. Штрецао се чак и када је било јасно да је неко случајно дошао до његове виле, излетник у потрази за гљивама или баба која је дотле доспела скупљајући листове зеља или коприве.

„Оверили“ су га једне ноћи, сурово, моторном тестером „Stihl“, само што је искорачио из блиндираног џипа. Говорило се да је то због овога или онога, али прави разлог је био тај што је Крле зашао у шуме које су припадале једном другом локалном Абрихтеру.

ВАРИЈАЦИЈА
ПАВЛОВЉЕВОГ УСЛОВНОГ РЕФЛЕКСА

– Nomen atque omen! – изјавио је тим поводом адвокат Лазар Љ. Момировац.

Крлета је неколико пута бранио на суду. А онда је бранио и оног другог, оног што је био оптужен да је смакао Крлета. И даље је био смркнут, ваљда што је тада, тих деведесетих, за време ратова у бившој Југославији, боље него икад, схватио докле човек може да догура, да залута.

Можда је то био пресудан разлог да се Момировац одлучи за пензију. Једног јутра је напрасно решио. Отишао је у канцеларију и одатле није изашао читава три месеца, док није написао захтев за брисање из адвокатског именика, потом стотине и стотине дописа свим својим бившим странкама, свима онима које је заступао од када је започео адвокатску праксу. У сваком од тих писама, која је послао препоручено, навео је до детаља колико је заправо био згрожен њиховим поступцима, закључујући да се сада каје што их је уопште бранио. Онда је, завршивши ту обимну преписку, отказао претплату на *Службени гласник* и однео писаћу машину до оближњег контејнера. Бацивши је са видним задовољством. Звонце за означавање краја реда циликнуло је последњи пут. На крају је Момировац скинуо диплому правника са зида, те је отишао у пошту, успут свративши до огласног одељења *Ибарских новости* – локал канцеларије понудио је на продају, испод сваке важеће цене. У шалтер-сали поште је великодушно частио Ота да му што лепше запакује диплому, па је пошиљку без повратнице насловио на Секретаријат Правног факултета, Булевар револуције 67, 11000 Београд.

Иначе, Лазар Љ. Момировац је наставио са латинским цитатима (Албин Вилхар, издавач Матица српска, библиотека „Корист и разонода“). Сада заједљив према својој дојучерашњој, десничарској страни. Убрзо је од „оног четника“ постао „онај комуниста“. Подсмехујући се другу Аврамовићу, који је напредовао захваљујући „варијацији Павловљевог условног рефлекса“ подизања руке, као да гласа – Лазар Љ. Момировац је поново постао предмет непрестаног посматрања Службе безбедности.

А и први пут је приведен и саслушаван, јер је негде, у некој кафани, уз шприцер и цревца, рекао:

– Аврамовић?! Па тај је прави човек бабушка. Таман мислиш да је то све, да више ништа нема, да у једну персону не може да стане још људских облика, кадли оно, хоп-ла, у њему увек постоји још нека мања, човеколика варијанта! Можда је сада много тога другачије, али се овде, у људском смислу, ништа није променило.

ИСТЕРИВАЊЕ

Међутим, није да је све остало непромењено. Мршава Невајда Елодија је напокон попустила, пристала је на удварања пуначког Његомира. Напросто је њему, рокеру у одустајању, силом прилика бубњару за свадбе и испратнице, једне снене вечери, она која је завршила Музичку академију, одсек соло певања, сва попут неке раскошно започете а никада завршене композиције, напросто је њему таквом рекла:

— Ударите ме! Свом снагом належните!

И Његомир је на Елодији применио свој најсиловитији ритам, какав она никада пре у свом усамљеничком животу није осетила. Употребио је све што је имао на располагању — палице различитих дужина, голицаву металну метлицу, на крају и бас-батић обложен филцом. Али, испоставило се, најбоље ефекте је постигао на старински начин, непосредно, голим голцијатим длановима.

Промене су се збивале веома лагано. Прво је Елодија, од оног силног, вртоглавог Његомировог ритма — изгубила вечиту стегнутост дијафрагме. Глас јој се винуо. Напрасно је пропевала. Задрхтала је свака њена ћелијска мембрана. А онда је престала да се понаша као јаребица. Свуда је, пре свега у Његомиров кревет, долазила најмање десет минута пре и одлазила најмање десет минута после сваког очекивања. Затим је у СУП-у поднела захтев за промену презимена. Одузела је оно „Не" и постала Вајда Елодија.

Ипак, сада Елодија Вајда, за Његомира није постала мање загонетна. Он је „ударао" и „ударао", увек се изненађујући какве све дивље ритмове може из ње да „истера“.

– Струкуту-струкуту-ксс... тутула-тутула-псс... ба-па-бас... пљас! – мењао је Његомир свако вече начин „ударања“.

Час једва додирујући Елодијину затегнуту кожу, час је приљежно али реско претресајући, час из ње измамљујући потмуле тријумфалне уздахе, час комбинујући ама баш све што зна, нешто између жестоког рока, џез импровизација и првобитног, исконског зова.

ВРЕДНОСТ ПОШИЉКЕ

– Мисле Ото луд, а Ото се чмеје, чмеје...

Толико су, ваљда, сви чули. Ото се годинама и годинама плашио. Стављао је дланове на очи. У међувремену, паковао је пакете. За најгорег времена је знао да то уради и бесплатно. Поделе су се умножиле, државе такође, сваког јутра би неки град освануо изван или унутар нове границе, поштарина је, како правила и налажу, поскупела... Једино Ото није наплаћивао по „Новом режиму међудржавног поштанског саобраћаја“. Говорио је:

– Сви мисле Ото луд, а Ото се чмеје, чмеје... Шта има везе што је то сада друга земља, све између људи остаје.

Није наплаћивао ни чекање за друге, у све бројнијим редовима. Поготово не за мајке са децом и пензионере. Говорио је:

— Сви мисле Ото луд, а Ото се чмеје, чмеје... Оту више не треба ни парица, за биоскоп има, све друго је веч измирио.

А ништа није очекивао ни од оних уместо којих је предавао коверте за наградне игре. Није му било криво ни када је један такав извукао главну премију, веома скупоцен аутомобил. Није се увредио чак ни када му тај ни речју није захвалио. Говорио је:

— Сви мисле Ото луд, а Ото се само чмеје, чмеје... Свуда чу, и овако, пешице, да стигнем на време.

И, испоставило се – иза Ота је, на књижици Поштанске штедионице, остало веома много. Односно, таман. Јер, инфлација је обезвредила готово све. На крају су више вределе старе „карике", оне папирнате омотнице за свежњеве, него саме стотине, хиљаде, милиони, па и милијарде нових новчаница. Када се курс сведе, када се одузму нуле, у пару се поклопило онолико колико да Ота, према последњој жељи, кремирају, да купе најскромнију урну, да је запакују, повежу канапом, запечате капљицом тамноцрвеног воска и препоручено пошаљу у једну далеку земљу.

Они који су исписивали адресу примаоца на последњем Отовом пакету, они који су због смањења трошкова поштарине у рубрику „вредност пошиљке" уписали „1 динар", тврде да је извршилац опоруке заправо била Тршутка. Али, о томе после онога што знам о тројици средњошколаца који су некада седели у четрнаестом.

ПЛОЧА СА ПРЕЗИМЕНИМА

Издвајам само део веома дугачког реда: Петронијевић... Ресавац... Станимировић...

Свак је, засебно, у својој школи, избегавао да учи исте, смртно досадне лекције из историје. Пољопривредна. Машинско-техничка. Гимназија. Нису се честито ни познавали. Можда су некада, слева надесно, и седели заједно у биоскопу „Сутјеска". Али једино је било сигурно да су историјом занавек били окупљени на спомен-плочи са презименима погинулих у ратовима деведесетих:

– Петронијевић (онај што је тврдио да све зна, да ништа не мора да учи), пао је у Хрватској, као резервиста, одазвао се, није могао тек тако да заборави заклетву положену у Југословенској народној армији, искрварио је на некој славонској њиви, смртно рањен од нагазне мине, такозване „чекалице";

– Ресавац (онај што је тврдио да има времена, да ће све да научи после), страдао је као добровољац, у Босни, не зна се ни где, ни како, а по свему судећи ни зашто, његово тело никада није пронађено, а идеја за коју се осетио прозваним лагано је извитоперена;

– Станимировић (онај што се надао да спора професорка историје до његовог презимена неће да стигне), сустигнут је гелерима НАТО касетних бомби, као пролазник, приликом посете рођацима у Нишу, бомбе су падале у границама допуштене грешке, од свега плус-минус неколико стотина живота, људских.

Тршутка. Рекох, наводим само надимак, јер је и име и презиме променила када се отиснула у иностранство. Онако, са све бакиним шеширићем, сомотским рукавицама за дан, огрлицом од хематита, у домаћем џинсу. Пред сам рат. Спрва, нико о њој није ништа чуо. А онда, Тршуткина слика се појавила на насловној страни једног од најгламурознијих светских часописа. Била је окружена мноштвом беспрекорно лепих, као истоветних девојака. Заправо, манекенке су се разликовале само по екстравагантним моделима одеће које је баш Тршутка креирала. Тако је писало унутра, у чланку опремљеном десетинама колор фотографија, насловљеном: „BALCAN DREAMS BY TRSHUTKA".

Спајајући неспојиво, Trshutka је веома брзо постала незаобилазно име међународних модних ревија. Добро обавештени кажу да се толико обогатила да је себи могла да приушти готово све. Ипак, никада није живела у стану већем од двадесет пет квадрата. Истина, таквих гарсоњера је имала равно двадесет. У најегзотичнијим крајевима света, у најзанимљивијим градовима, у најлепшим четвртима. Имала је гарсоњере (практично само собице, купатила и погледе) свуда по свету, отприлике тамо куда је послом путовала, нигде не боравећи дуже од десетак дана, одлазећи из једне у другу тако једноставно као да их деле само унутрашња врата. Некада, у једној седмици, променивши и седам пуних видика, рецимо: са првог прозора, на њујоршки Централ парк; са другог, на вулкан звани Жена која спава, изнад Сјудад де Мексика; са трећег, на палате Фиренце, на фасаде у боји зрелог нара; са четвртог, на узљескано Женевско језеро и пуна једра чамаца; са петог, на трг Трокадеро, Сену, Ајфелову кулу и перспективу Марсових поља; са шестог, на узаврели сук у центру Маракеша; са седмог, на златан песак и лазурно небо лагуне индонежанског архипелага, још незаведене у каталоге туристичких организација.

Тршутки су писали сви њени бивши момци, а није их било мало, молећи за помоћ око добијања визе и сличног. Никада ниједном од њих није одговорила. Свакоме би, на име, Тршуткин секретар послао уредно оверено гарантно писмо неопходно за путовање, као и чек са сумом довољном за авионску карту и првих неколико месеци, док се у туђини не снађе. Али она лично, уз све то, никада никоме ни реч није додала. Само је једног дана овећим хеликоптером стигла свита, тај Тршуткин секретар, чувени лекар реуматолог, две медицинске сестре, четворица црнаца као обезбеђење – да би одвели њену баку. И, опет тврде они упућени, бака сада последње године живота проводи окружена најбољом могућом пажњом и негом, на обали једног предивног летовалишта, у сламнатој лежаљци, под сенком шеширића – „нуларица" филц, бордо гро-грен трака, солидна предратна производња, салон „Париска филијала".

Тршутка се, иначе, баш како је Ото и замолио у опоруци, до танчина побринула око његових посмртних остатака. Отов пепео је препустила морским таласима. Где тачно? – сада и није толико важно. Јер је он, који никада никуд није путовао, ношен воденим струјама, засигурно већ зашао и у најудаљеније крајеве света.

НЕ ЗНАМ ЗАШТО ЖИВИМ КАДА ТЕБЕ НЕМА

Ћирићева се пак, прва, ваљда убеђена да је такав ред, да то сама Врховна команда од ње лично очекује, а када је већ у озбиљној вези са припадником ЈНА, она се пак, прва у граду, уписала у књигу жалости поводом изненадне Титове смрти. Свечано је тамо натруковала – нешто бесконачно патетично. Нешто у стилу: „Не, немојте ме питати, не знам зашто живим сада када Тебе нема!" А, богме, имала је веома озбиљну намеру да и те како живи...

Ускоковић је постао морнарички официр. Па је редовним путем догурао до поручника фрегате. Наравно, службовао је на мору. И, наравно, фрегата се није мицала из луке, јер је имала неке проблеме са потпалубљем. Судећи по сликама са венчања са Ћирићевом – био је још лепши. Прав као мотка, преплануо, у белој униформи, са прописно натученом шапком (извезено сидро ушушкано у гнездо од ловора и маслинових гранчица), са белим рукавицама... Те свечане рукавице није скидао ни прве брачне ноћи, нити било којом другом „љубавном приликом" са Ћирићевом. Тако су обоје волели. Да би било беспрекорно.

Међутим, када је онолико заратило, Ускоковић је међу првима дезертирао. Скинуо је „манекенску" униформу и клиснуо у цивилном оделцету. Поневши само возачку дозволу, са уредно овереном „Б" категоријом, занавек оставивши и укотвљену фрегату и Ћирићеву. Једно време Ћирићева је била очајна, осећала се као потопљена фрегата (која, напуштена, без одбране, одиста и јесте била „неутралисана" у храброј акцији противничке стране).

– Ајој, црна ја, куд ћу, осећам се као да ми вода улази у машинско одељење! – пожалила се једном приликом другарици по армијском браку.

А онда се стала упуштати у везе са мушкарцима који су по природи посла носили беле униформе. Почела је од фармацеута, стоматолога, ветеринара... Касније није баш много бирала... Последњи у том низу био је неки касапин. Имао је капче и кецељче, мада не тако беспрекорно беле. (Хајде нека неко проба да истранжира десет свиња на дан, а да га крв не испрска.) Касапин је свакога дана дивљачки тукао Ћирићеву, чинећи јој по вољи само у једној ствари: када би водили љубав, на голо је одевао ону своју униформу. Руку на срце, кецеља му је смешно стајала, али се то у измаглици страсти није најбоље видело.

СВАНУЋЕ И ПОМРАЧЕЊЕ

Не бих се изненадио да је ове, најинтимније детаље из живота Ћирићеве знао и ширио сам Чекањац. Када су затворили биоскоп „Сутјеску“, а потом на извесно време и биоскоп „Ибар“, Чекањац није више имао где да гледуцка шта раде млади. Односно, имао је, али је то било опасно. Једном је пао са дрвета чија је крошња досезала до трећег спрата стамбене зграде. Џабе је три ребра поломио, већ после првих пољубаца неко је угасио светло. Други пут се умало није удавио покушавајући да преко Ибра побегне од оних које је „густирао“ на градској плажи. Трећи пут је, на базену, малим прстом бушнуо новинску страницу рубрике „Унутрашња политика“, те се кроз рупицу разонодио.

Четврти пут је нешто „on line“ прчкао на компјутеру, па је укачио вирус, и за свега десет минута гледања слика обнажених лепотица стигао му је телефонски рачун као да је десет дана „all inclusive“ боравио на Тахитију...

Чекањцу је свануло када су школарке почеле да се облаче нападно, као жене из парка близу железничке станице. И када су жене из парка близу железничке станице почеле да се облаче чедно, као школарке. Тада му је свануло, али када је схватио да то могу и сви други да виде, на улици, у башти кафеа, у магазинима или на телевизији, Чекањац је опет помрачио. Покушао је и он, као сви други, да мање гледа а више показује, али није био тако устројен, па је стога још страшније патио. Вратио се безазленим страстима из младости, подизању поклопаца са шерпи, завиривању у туђа писма и новчанике, услужном подизању оловки које су испале дамама, запиткивању...

Не бих да се погрешно схвати, вероватно та његова „људска потреба“ није била пресудна препорука, али Чекањац се запослио у једној невладиној организацији која се бавила испитивањем јавног мњења. Тамо се осећао добро. И мада је напредовао у служби, увек је волео да се подухвати и основних задатака, да насумице бира телефонске бројеве и да поставља питања:

– Добро вече... Госпођо, да ли имате мало времена? Спроводимо једну анкету, па бисмо волели да знамо ваше мишљење... Јесте, анонимна је, али ставови грађана су нам веома важни... Можемо ли да почнемо? Супруг вам није код куће? Не желимо да било ко утиче на ваше одговоре... Како сте? Могу ли да знам шта имате на себи? Не, то није званично питање, то је само да бисте се опустили и били отворени... Овај наш разговор заправо треба да буде ћаскање... Кажете, кућни огртач? А које је боје? Ма немојте... Ако смем одавде да приметим, и мени се допадају те нијансе...

КО СЕ ДРЖИ ЗАХВАЉУЈУЋИ КОМЕ

Фазан и Христина су се узели. Али, баш тако, у дословном смислу те речи. Узели су се. Били су и даље као земља и небо, није се знало ко постоји захваљујући коме, али су, једноставно, постојали. Изродивши мноштво деце...

Има ли краће, а дуже, уједно боље приче?

ПЛОТУН ПОЧАСНЕ ЧЕТЕ

Цаца Капетанка је отпустила „цивилно лице на службовању у ЈНА", то јест Циџана.

– Идите! Док сам ја радила, ви сте се само шепурили! – рекла му је сузних очију, у стилу највећих филмских дива, па се окренула, загледавши се кроз прљав прозор.

Циџан је завршио на пијаци, придружио се многима који су остали без посла, као ситан препродавац кинеске креде и других бубеубица. И сада је тамо, елегантно одевен, виче, хвали своју робу, маше рукама као да дитгује филхармонијом.

Цаца Капетанка је написала неколико молби, спрва упућених Гарнизону, па Команди њој припадајуће

Армијске области, онда и самом Генералштабу. Так-сативно је навела имена и презимена, датуме и време проведено у „подржавању“ јединица, описујући све „положаје“ које је заузимала, цитирајући похвале, па и уздахе које је том приликом чула. Све сабрано, ро-мана вредна, импресивна каријера: око четири хиља-де случајева. И беспрекорне карактеристике. Стога је тражила да јој се чин званично призна, уз припадајући бенефицирани стаж. Ти тамо „мастиљари“ никада нису одговорили, чак је ни одбијања нису удостојили. Када је оболела од тешке, неизлечиве болести (нека се сместа свако помери са места!), Цаца Капетанка је начинила последњи покушај, очајнички је преклиња-ла да барем буде сахрањена уз војне почасти. „Поза-динци“ су и на то остали глуви.

Пре се може рећи да се сирота смирила, него да је умрла. Само је један луди пуковник, за којег кажу да је као капетан био врхунац њене каријере, извео на гробље почасни вод. По цену да буде рашчињен.

– Мирно!
– Увис, нишани!
– Почасни плотун, пали!
– Пали!
– Пали!
– Прекини, укочи!
– К нози!

Сва три плотуна су била беспрекорна. Као три хица. Сред среде. Право у небо. Мора да су и самог Господа пренула.

Чауре су покупила деца из оближњег ромског насеља.

КАДА СЕ У РЕТКИМ ТРЕНУЦИМА СВЕ ПРИМИРИ

НИ МАЊЕГ ПРОСТОРА, НИ ВЕЋЕГ НЕРЕДА

У камп-приколици је било несносно вруће. Осећао се слаткасти мирис пудера за бебе, људског зноја и стругoтине у којој су мокриле уплашене животиње. Ни мањег простора, ни већег нереда – разбацани реквизити, одбачени костими, гужвице вате за скидање шминке, полуиспијене пивске флаше...

Директор циркуса је деловао уморно. Хладио се ручним вентилатором. Баш се раскомотио у платненој столици – на себи је имао само пуније, црне доколенице, пругасти доњи веш, за вратом мокар пешкир модре боје, на лицу трагове црвене оловке којом се наглашавају усне. Био је од оних који брију теме да би сакрили ћелавост, пути беле као сирац, у годинама када се мишићи опуштају, зрнад младежа почињу да дивљају као купине, а судећи по чарапама, и у годинама када су ноге непрестано лед-ледене... Зујкави вентилатор на батерије је изблиза приносио једном уху, па другом, подигао би леву руку да освежи пазухо, да би потом пропелерчић бестидно уперио у међуножје.

Тек онда је проговорио. И као и сви људи који су навикли на јавне наступе – гестикулирао је превише, непрестано правећи паузе као да очекује аплаузе:

– Извините, овако обично не примам странке... Али, вечерас сам прокувао...

– Мени не смета – рекао је Симоновић, једва се сналазећи да у таквом хаосу пронађе место да седне.

– Шест улога... разумете ли, шест улога... – наставио је уморни човек. – Да сам се само пресвлачио, било би превише...

Симоновић се изненадио. Помно је пратио вечерњу представу, али није приметио да је директор наступао у шест улога. Заклео би се да их је било свега четири. У толико наврата је препознао исто лице и стас, без обзира на то како су га звучно представљали, као овог или оног интернационалног артисту, без обзира на различите костиме, перику или шминку, час лажне бркове, час лоше прилепљену браду... Био је тужни кловн пегавог лица и црвеног носа. Био је усредсређени жонглер лоптицама и чуњевима, у једноделном, превише припијеном трикоу. Био је загонетни мађионичар, овијен у црни плашт, са натученим цилиндром. Био је надмени снагатор у костиму са ресама... Симоновић се запитао: шта ли му је промакло? Сада, када боље размисли, досетио се да је директор наступао и као неустрашиви кротитељ животиња. Да, нема сумње, и то је био он. Али, која је улога била шеста – никако није могао да докучи.

– Гадна времена... – настављао је уморни човек да се хлади ручним вентилатором. – Људи нас напуштају, а ја морам да их замењујем... Кловн, жонглер, мађионичар, снагатор, кротитељ... А јутрос ми и акробата на трапезу каже: „Одох, боли ме уво, нећу да гинем низашта!" Тим речима, мени... Хајде што је отишао, него нам је одвео и најлепшу девојку око које смо бацали ножеве... Још и у њу да се прерушавам?! Е, скапах, не могу више...

Тачно. То је недостајало. Акробата. Директор је наступао и као акробата на трапезу. Који, истина, није довршио своју громогласно оглашавану тачку. Дуго се пео на конструкцију у самом врху шатре, уз драматичну музику, уз добоше са бесконачне магнетофонске траке, требало је да изведе погибељни ход по жици, али је у последњем тренутку одустао. Ипак, добио је аплауз као да је све најављено и урадио.

– Скапах – вајкао се уморни човек. – Више и не знам како се зовем, како ми је право име... Видели сте, посета је на граници исплативости... Једино слаткиши добро иду, али циркус не може да живи од шећерне вате...

Симоновић је ћутао. Директор је набрајао:

– Ту је закуп плаца. Па рачуни... Рефлектори струју троше немилице, само тако, упссс, упссс, усисавају ли усисавају киловате. Онда имамо и редовна и ванредна крпљења шатре, довољно је да нам нека будала цигаретом прогори платно... И још, храна за животиње! Једу, ждеру, као да сутра нећемо ништа да им дамо! А плате не рачунам... јер их и не исплаћујемо...

Посета заиста није била нека. Шећерна вата се добро продавала и пре и после представе. Било је и старијих гледалаца који су стајали у реду да се замажу слатким нитима роза боје. Симоновић није могао да зна колико кошта закуп „плаца", утрине на краљевачкој Кванташкој пијаци, где се по традицији смештао сваки циркус који гостује. Симоновић није могао да зна ни колико рефлектори троше струје. А мора да није мало, када дају онолико светлости. Шатра је одиста била препуна закрпа. Мада је било и много рупа. Али, животиње нису деловале ухрањено. Камила се једва држала на ногама. Коњима су сапи упале, а грива није имала сјај. Тигар је имао више ушију од зуба. Змија је, истина, била дебела, цаклила се као науљена, али се није мицала, питање је да ли је уопште била жива. А мајмун, ех, он је изгледао као да би за коцку шећера урадио баш све...

– Добро – најзад је директор циркуса искључио ручни вентилатор, престао је да се хлади. – Треба ми разводник, не могу још и карте да цепам... Можете да помогнете и око других послова, плакатирање и слично. Иако сте у годинама, ваљда имате снаге још да запнете. Побијање кочића, разапињање... Онда да се струготина довуче и поспе... То сам вам већ рекао, за плате тренутно немамо, али се храните са нама. И путујете... Од града до града. Од републике до републике. Међутим, то није довољно. Знате ли какве вештине? Видим, вучете неке стубе...

– Знам да се попнем до девете пречке – збуњено је одвратио Симоновић.

– И? – протрљао је длланове директор.

– И, ништа. Одатле гледам свет...

– А како би било да са врха стуба изведете неки скок, салто... Нешто опасно... Публика то воли... Кловн све присутне разгали, мађионичару се сви диве... Али, публика очекује смрт... Људе то узбуђује! Наравно, нисам мислио да вас убијемо... Опасно само треба да изгледа, а ми већ имамо начина да вас сачувамо, ту је заштитна мрежа, готово невидљива челична сајла... Овај посао водим већ неколико деценија, а у каријери нисам имао више од пет погибија... И то зато што су се правили важни. Циркус не трпи надменост... Мислим, када се већ пењете на те стубе, зашто одатле не бисте и извели нешто опасно...

– Па, ја...

– Штета, видим да немате авантуристичког духа... А та птичица у џепу сакоа, тај папагај... Уме ли он нешто, зна ли да говори?

– Па, не баш... – стегао се Симоновић.

– Жао ми је, не могу да вас примим... – рекао је директор циркуса. – Овде, ипак, свако мора да наступа...

Симоновић је деловао утучено. Подигао се. Кренуо је ка излазу камп-приколице. Директор је поновио:

– Жао ми је...

Птичица у џепу сакоа је убрзано жмиркала очима. Дужила је врат, гледала час у Симоновића час у директора. Као да је разумела да се причало и о њој, да се расправљало и о њеној судбини. Начинила је покрет, некако се избатргала из џепа, накочоперила се, прелетела је та два или три метра раздаљине, стресла се на директоровом рамену...

Симоновић је застао и чуо како папагај иза његових леђа изговара, гласом сличним људском:

– Демократија, повољно!

ТОРТА СА ЋИРИЛИЧНИМ НАТПИСОМ

Симоновић и његова птица су отишли са вајним интернационалним цикрусом. Не знам да ли ћете се разочарати ако дођу у ваш град и ако препознате исте људе у неколико различитих улога. Не знам ни да ли ћете се разочарати када видите Симоновићеву тачку, то његово успињање на стубе прислоњене уз централни јарбол шатре. И то његово гледање са врха, са девете пречке, тај његов искрено озарен израз лица када нас на окупу види све. И то што папагај у његовом џепу једино хоће, можда једино зна да каже:

– Демократија, повољно!

Неко се на све то смејуљи. Неко се мршти и гунђа. Неко чак звижди и назад тражи своје паре. Неко, како то и бива у овој земљи, увек има нешто да дода – јер уме боље.

А ја знам да је Шваба Монтажа, напокон, отишао у пензију. И, некако је од тада живнуо. Онај дугометражни филм какав свет још није видео, филм чија је трака била дугачка преко четрнаест километара (тачније 14.292 метра), имао је само једно приказивање, заправо поподневну претпремијеру. На дан Швабићевог одласка у пензију, уједно на дан коначног затварања биоскопа „Сутјеска“. Та незванична последња пројекција била је сачињена од мноштва сасвим различитих делова, некада сасвим неповезаних, попут рестлова свега и свачега, некада поређаних по неком чудном принципу, чије је устројство, изгледа, само Шваба разумео. Смењивало се свега неколико кадрова ратног филма са свега неколико кадрова вестерна. Напети неми филм се претварао у патетични мјузикл.

Трагедија је била прекидана комедијом. Љубавни филм се прожимао са лаганом порнографијом. Па би се појавиле слике дечијег, луткарског филма. Настављене кадровима журнала. Били су измешани делови филмова страве и ужаса са деловима документараца сниманих у славу природе. Трилер, психолошка драма, историјски спектакл, филм катастрофе, религиозни, научнофантастични, цртани, пустоловни... чега све ту, баш као у животу, макар за делић, није било. А нашло се и неколико кадрова филма чијег наслова не могу да се сетим: слика урођеника обредно обојеног у бело, како копа рупицу у земљи, те сасвим наг залеже не би ли оплодио своју окућницу.

Поносни аутор је на промоцију животног дела, „интегралне и коначне верзије у трајању од осам часова", позвао само круг најближих пријатеља. Благајницу Славицу. Возача ручних колица, превозника свега кабастог, вечито уморног Цала. И три-четири куварице из оног ресторана са „линијским" самопослуживањем у склопу предратног хотела „Југославија". Швабић је сваког лично дочекао и поздравио, свечано одевен, видно узбуђен.

Благајница Славица, којој је Шваба Монтажа, уз силне кафице, све оне претходне године препричавао шта ће се наћи у његовом филму – реч није прозборила. Само је преврала очима.

Цале се после осмочасовног приказивања протегао, обуо је ципеле које је на почетку изуо и закључио:

– Таман је добро дугачак, слатко сам се одморио!

А куварице? Те добре жене у белим кецељама и са белим повезачама, у оном мраку као какве медицинске сестре, оне су негде чуле да је такав обичај на премијерама, па су донеле по неколико овала од свега. Устале су у зору и читавог јутра спремале. Није ту било никаквог лиснатог теста, мини виршли, провидних листова сира, коктел парадајза и сличне хране на чачкалицу.

— Ево, малчице, да се презалогаји, да се мало, после свега, освежите...

Па, коме је шта по вољи: пројарица, савијача, кувана коленица преливена реном у венцу бареног кромпира и шаргарепе, белолучана паприка... Уз мало лазачке, три пута препечене ракије. Точене у распарним чашама, са ручно осликаним шарама.

На самом крају, куварице, те добре жене, донеле су и „Цакину торту“, на којој је шлагом, ћириличним словима било натруковано: „ТХЕ ЕНД“. Изнеле су торту, па су рекле:

— Штета, мислиле смо да ће нас бити више... Да ће макар разводник Симоновић доћи...

Али, пре тога, иначе, читав филм су провеле плачући. Док су са старе таванице биоскопа „Сутјеска“, са оне мајсторском руком изведене штукатуре, симболичке представе свеколиког свемира, док су са Сунца, Месеца, планета, сазвежђа и комета, тихо, једва чујно, сипиле готово невидљиве љуспице креча.

ОДЈАВНЕ РЕЧИ ИЛИ ШТА ЈОШ ЗНАМ

И још поуздано знам да је сала биоскопа „Сутјеска“, почетком деведесетих, будући смештена у самом центру града, промењеног назива: „CITY-CENTER“, давана под закуп. Прво као магацин. Потом као такозвани пословни простор, а то ће рећи продавница.

Напослетку, што је у нас ваљда неминовно, и као ка-
фана. (Чиме списак вероватно није исцрпљен, могла
би ту бити организована томбола или кладионица
или банка...)

И још знам да је свака од ових нових намена захте-
вала различите реконструкције. Тако је стара сала би-
оскопа „Сутјеска" више пута преграђивана, а плафон
је наводно привремено, мада као занавек „спуштен".
Уграђено је савремено осветљење, рефлектор-сијали-
це које су често прегореваде. Било је немогуће про-
менити их без овлашћене сервисне службе... Речју,
представа васионе је прекривена.

Ваљда је још увек тамо. Између местимично про-
ваљене таванице и система беспрекорно упасованих
гипсаних плоча. Мајсторском руком изведена штука-
тура се не види, али је, ваљда, још увек тамо.

Јер, када се у ретким тренуцима све примири, када
утихне сва ова наша силна прича, одозго као да се чује
како нешто сипи, како упорно сипка.

БЕЛЕШКА ПИСЦА

Такорећи књига снимања

У мају 2003. године позвао ме је драги пријатељ Милан Никодијевић, директор Фестивала филмског сценарија у Врњачкој Бањи. Желео је да учествујем у разговору на округлом столу под називом „Могућност екранизације историјског романа“. Прихватио сам и написао текст „Дах и искра“ у чијем је средишњем делу заправо била причица о прекинутој пројекцији једног филма, а на дан смрти Јосипа Броза Тита. Фестивал је одржан у августу. Наредног лета у Врњачкој Бањи се појавила књига *Екранизације: Симпозијум 27. Фестивала филмског сценарија*. У њој је штампан и мој текст од свега три или четири странице.

С јесени исте, дакле 2004. године, обећао сам прилог уредништву *Летописа Матице српске*. Помислио сам да не би било лоше вратити се тексту о прекинутој пројекцији, те га уобличити искључиво као кратку причу. Променио сам и наслов, гласио је „Испод таванице која се љуспа“. Прича је објављена у новембарском броју за 2004. Ова прича у *Летопису* имала је пет или шест страница.

Почетком 2005. године, преводилац Лариса Савељева пренела ми је питање Уредништва московског часописа *Иностранная литература*: да ли имам прилог за њихов јубиларни, десети број. То се не одбија. Послао сам „Таваницу“ и она је у преводу на руски језик, под насловом „Киносеанс“, објављена с пролећа 2005. године. Ова „московска“ верзија је била нешто дужа од „новосадске“, али није имала више од седам или осам страница. Међутим, обе кратке приче су у основи садржавале само опис догађаја, ликови су били неодређено именовани као група гледалаца...

Зато сам током 2005. и 2006. године, склапајући приповедачку збирку, решен да уврстим и причу „Испод таванице која се љуспа“, одлучио да персонализујем јунаке, њих тридесетак, који су филм гледали у тренутку када је пројекција прекинута, када је објављена смрт председника Социјалистичке Федеративне Републике Југославије. Планирани простор за причу – ако се добро сећам, нисам желео да има више од тридесетак страница – испоставио се као мали. Као да је свако тражио своје. Током писања кратка прича је прерастала у „праву“ причу, а онда у оно што се некада звало приповетка. „Таваница која се љуспа“ је имала око седамдесет страница. Објављена је 2006. године у издању „Народне књиге“, у збирци прича *Разлике*. Мислио сам да је то све.

Истина, нисам заборавио то што сам се понегде суспрезао, јер сам страховао да приповетка својим обимом не засени друге приче у збирци. Повремено ми се чинило да сам урадио нешто нечасно, да сам зарад књижевних мерила занемарио приповедачка. Зато се причи нисам озбиљно враћао наредних година. Може се рећи да сам избегавао да у њу провирим и када је она, у преводу Наталије Чорпити на украјински језик, објављена 2007. године, под насловом „Під стелею, що лущиться", у оквиру књиге *Острів та інші видіння*, збирке приче коју је приредила Ала Татаренко. Нисам јој се много враћао ни наредном приликом, када је у преводу Дубравке Сужњевић на шпански језик, објављена 2008. године у Сјудад де Мексику, а под насловом „Bajo el techo que se está descarapelando" у оквиру књиге *Diferencias*. Па ни наредном приликом, када је издавачка кућа „Плато" 2009. године обновила издање *Разлика*. Па ни онда када сам са Ларисом Савељевом разговарао о певоду на руски језик (збирка *Различия* објављена је у Санкт Петербургу у мају ове године, а наслов приче гласи „Последний киносеанс"). Као ни онда када сам са Желом Георгиевом разговарао о преводу на бугарски језик (збирка *Разлики* биће објављена у Софији крајем ове године, а наслов приче ће гласити „Под тавана, който се лющи").

Причи сам се заправо вратио, пошто је већ одавно, у мају 2009. године утаначено руско, а у лето 2009. године бугарско издање. Наиме, канадска франкофона кућа „Les Allusifs" је још пре неколико година изразила жељу да објави једну приповедачку књигу. Дуго се разговарало да ли то треба да буде избор, нека од збирки интегрално, а онда и која збирка... Одлука је стигла крајем јесени 2009. године, „Les Allusifs" је решио да објави причу „Испод таванице која се љуспа" као засебну књижицу од седамдесетак страница. Нисам имао ништа против. Идеја ми се учинила као лепа. А можда сам на све пристао због оне грижe савести. Рекао сам Гојку Лукићу и Габријелу Јакулију, преводиоцима на француски језик, да бих направио неке измене, можда дописао неколико страница, јер се приповетка сада појављује као једина, може да „дише“. Дописао сам око сто страница. Последње измене за француско издање сам начинио у мају. Књига *Sous un ciel qui s'écaille* појавила се истовремено у Монтреалу и Паризу, у августу ове, 2010. године. Преводиоци и издавач су предложили поднаслов кино-роман, јер су у Француској својевремено постојале жанровске књижице са тим ближим одређењем, а које су заправо представљале причу по неком филму, илустровану одговарајућим сценама. Осим тога, поднаслов је имао и једну врсту жељеног иронијског одмака... Предлагао сам да поднаслов буде кино-новела, али он није усвојен.

Зато ова српска верзија, у издању Компаније „Новости“, из друге половине септембра 2010. године, има поднаслов: кино-новела. Мада то није једина разлика, српско издање је у односу на француско, а од маја до септембра, проширено за десетак страница. И српско издање кино-новеле *Испод таванице која се љуспа*, објављено у „Новостима“, има и овај текст. Који сам написао јер ми се учинило да би могао бити један од доказа како је свет приче независан и често сложенији у односу на наше животе, на животе писаца, читалаца и издавача.

Мада сам овај поговор делимично написао и зато да бих могао да га потпишем баш овако, набрајајући неке од мени најлепших и најдражих градова, испод ове наше заједничке таванице која се љуспа:

Од маја 2003. до септембра 2010. године

Краљево – Врњачка Бања – Нови Сад – Москва – Београд – Лвов – Сјудад де Мексико – Београд – Санкт Петербург – Софија – Монтреал – Париз – Београд

CIP - Каталогизација у публикацији
Народна библиотека Србије, Београд

821.163.41-32

ПЕТРОВИЋ, Горан, 1961-
  Испод таванице која се љуспа :
кино-новела / Горан Петровић. - Београд :
Новости, 2010 (Нови Сад : Будућност). - 183
стр. ; 20 cm

Тираж 20.000.

ISBN 978-86-7446-158-7

COBISS.SR-ID 177954572